Frauen, Magie

J. C. Sigauke

Frauen, Magie und Hexerei in der antiken Welt

ScienciaScripts

This book is a translation from the original published under ISBN 978-3-659-85104-9.

Publisher:
Sciencia Scripts
is a trademark of
Dodo Books Indian Ocean Ltd. and OmniScriptum S.R.L publishing group

120 High Road, East Finchley, London, N2 9ED, United Kingdom
Str. Armeneasca 28/1, office 1, Chisinau MD-2012, Republic of Moldova, Europe

ISBN: 978-620-3-59053-1

Inhalt

Widmung

An besondere Frauen in meinem Leben.

Abstrakt

Die Bezeichnungen Hexerei und Magie werden seit jeher für jede Beeinflussung des Geistes, des Körpers oder des Eigentums einer anderen Person gegen deren Willen verwendet. Eine der häufigsten Eigenschaften, die einer Hexe zugeschrieben werden, ist die Fähigkeit, einen Zauberspruch zu sprechen, ein Mittel, das eingesetzt wird, um eine magische Wirkung zu erzielen. Seit der Antike gibt es Berichte über die Anwendung von Magie, der man die Macht zuschrieb, den Geist, den Körper oder das Eigentum zu beeinflussen. Böswillige Magieanwender wurden beschuldigt, Krankheiten, Tierseuchen, Pech, plötzlichen Tod, Impotenz und anderes Unglück zu verursachen. Die Hexerei wurde dann auf eine wohlwollendere und gesellschaftlich akzeptable Art eingesetzt, um die Bosheit abzuwenden oder den vermeintlichen Übeltäter zu identifizieren, damit er bestraft werden konnte. Dies half jedoch nicht viel, denn schließlich wurden die Übeltäter (Hexen und Zauberer) nun als Frauen identifiziert. Die Frau wurde vor allem nach der Beschuldigung solcher Taten seelisch gequält, und diese Anschuldigungen halten bis heute an. Ziel dieser Arbeit ist es daher, die Gründe zu ermitteln, warum die Frau weiterhin Ziel solcher Anschuldigungen war, und zu klären, ob diese Taten nur Frauen betrafen oder ob auch der männliche Gegenpart an diesen Taten beteiligt war.

Danksagung

Im Laufe der Forschung und des Schreibens gab es einige Hindernisse, die den Fortschritt dieser Arbeit behinderten, aber mit der Führung des Allmächtigen wurde sie erfolgreich abgeschlossen. Ich möchte Dr. J. D. McClymont, meinem Doktorvater, meinen tiefsten Dank für seine geduldige Anleitung, seine Ermutigungen und seine nützliche Kritik an dieser Forschungsarbeit aussprechen.

Ich möchte Herrn Moyo, Professor L. Graverini und Professor J. Wills dafür danken, dass sie mir nützliche Bücher, Zeitschriften und Artikel zur Verfügung gestellt haben, sowie für ihre aufschlussreichen Rückmeldungen, Vorschläge und Ermutigungen im Laufe dieser Untersuchung. Ich möchte auch Dr. Mlambo für seine moralische Unterstützung und Ermutigung danken.

Ich bin einer Reihe von Mitgliedern der Abteilung zu großem Dank verpflichtet, die konstruktive Vorschläge machten, und ich möchte mich für die Ermutigung und Unterstützung durch meine Freunde und Kollegen bedanken: Mavis Muguti, Rumbidzai Chatindiara, Precious Zenda, Hardlife Zvoushe, Taurai Mukhahlera.

Besonderen Dank schulde ich schließlich meinem Ehemann Madhlozi Moyo, meiner Tochter Nomhle Moyo und meiner Familie, Dr. Sigauke, Frau Sigauke und Gift Sigauke, für hilfreiche Gespräche und moralische Unterstützung während meines Studiums.

Ich bin keine Hexe oder Magierin. Ich verfüge über keinerlei Insiderwissen oder Fachkenntnisse, und diese Übung ist von rein akademischem Interesse.

Kapitel 1: Einleitung

1.1 Einführung

Begriffe wie Hexerei und Magie mögen vertraut klingen und leicht zu diskutieren sein, vor allem, wenn es um diejenigen geht, die beschuldigt werden, diese Handlungen zu praktizieren, aber laut G. L. Chavhunduka sorgt das Thema Hexerei in vielen Teilen der Welt weiterhin für Kontroversen.[1] Wann immer eine Diskussion über dieses Thema beginnt, teilen sich die Menschen in zwei Gruppen: die einen sagen, dass es keine Hexen gibt, und die anderen, dass es Hexen doch gibt. Daher ist es notwendig, diese kontroverse Angelegenheit von einem klassischen Standpunkt aus zu betrachten, um zu verstehen, welche Art von Menschen an diesen Praktiken beteiligt sind und warum sie diese Handlungen ausüben. In diesem Kapitel werde ich die Begriffe "Hexerei" und "Magie" kurz erläutern und Gründe dafür nennen, warum vor allem Frauen beschuldigt werden, diese Praktiken auszuüben, wobei ich behaupte, dass nicht nur Frauen an diesen Praktiken beteiligt sind. Ein tiefer Einblick in die Praxis der Hexerei und Magie in antiken Gesellschaften wie Griechenland, Rom und Ägypten wird in den folgenden Kapiteln ausführlich erörtert.

Die klassische Welt war eine Welt verschiedener Kulturen, die unterschiedliche Religionen und Riten praktizierten. Die Hexerei ist nach wie vor einer der ältesten Berufe der Welt und nach Ansicht der christlichen Gemeinschaft die älteste "falsche Religion".[2] Die Künste oder Praktiken der Hexerei und der Magie waren keine Phänomene, die nur in Afrika praktiziert wurden, wie man aus den meisten alten mythologischen Legenden entnehmen kann. Es handelt sich um Phänomene, die in vielen Teilen der Welt anzutreffen sind. Obwohl Apuleius aus Afrika stammte, entdeckte er auf seinen Reisen in viele Städte und Staaten der antiken Mittelmeerwelt, dass diese Phänomene auch anderswo praktiziert wurden. Euripides' *Medea* zum Beispiel zeigt, dass Hexerei und Magie auch auf dem griechischen Festland praktiziert wurden.[3] Selbst in der *Medea* scheint es sich um eine Kunst zu handeln, die hauptsächlich von Frauen ausgeübt wurde, weil sie in der Welt "minderwertige Wesen" waren. Aber stimmt das, oder war es eine Annahme, die darauf beruhte, dass Männer Frauen nur als unvollkommene Geschöpfe betrachteten, wie es Aristoteles behauptete?[4]

Ein weiteres Ziel dieser Arbeit ist es, die Stellung und die Rolle der Frau in der antiken Gesellschaft zu ermitteln, denn dies wiederum wird dazu beitragen, eine vernünftige Erklärung dafür zu finden,

---

1 Chavhunduka G. L., 1980, 'Witchcraft And The Law In Zimbabwe' <u>Zambezia</u>, Vol. 3 No.2, p 129.
2 Gibson W, 1973, "Witchcraft among the Ancients" in <u>Witchcraft: A History of the Black Art</u>, S. 1.
3 Obwohl es sich bei *Medea* um eine Erzählung handelt, trägt sie dazu bei, die Tatsache zu verdeutlichen, dass die Hexerei auch in Griechenland bekannt war und die meisten von ihnen den Verdacht hegten, dass diese Handlungen meist von Frauen ausgeübt wurden.
4 Clayton E., <u>Aristoteles - Die Politik: Book 1- Women,</u> Internet Encyclopedia of Philosophy (IEP), <u>www.iep.utm.edu/</u> abgerufen am 19. April 2011.

warum hauptsächlich Frauen als Hexen beschuldigt wurden. Obwohl Frauen in diese Handlungen verwickelt waren, handelte es sich nicht um eine Einbahnstraße; auch Männer waren in diese Praktiken verwickelt, wie aus Apuleius' Abhandlung und Roman, der *Apologia* bzw. dem *Goldenen Esel*, hervorgeht. Auch Männer waren Mitglieder von Kulten, und manchmal gerieten sie aus Neugierde und Angst in Schwierigkeiten. Dies trifft auf Lucius im Goldenen *Esel* zu, dessen Beschäftigung mit dem Okkulten dazu führte, dass er sich in einen Esel verwandelte und in dieser Gestalt den größten Teil der Mittelmeerwelt bereisen musste, um seine ursprüngliche Gestalt wiederzuerlangen. Dieser Roman hat sich als eine gute Quelle für Hexerei und Magie erwiesen. Es wird angenommen, dass diese Praktiken in der Spätantike populär wurden, was aber nicht bedeutet, dass sie nicht auch in der Frühantike praktiziert wurden.

1.2 Bereich der Untersuchung

Apuleius stellt Frauen dar, die sich der Magie bedienen, um ihre gewünschten Ziele zu erreichen. Der Vorwurf der Magie und der Hexerei richtet sich gegen Frauen, und diese Ansicht wird von Barbara Rosen gestützt, die sagt, dass mehr Frauen als Männer als Hexen bezeichnet wurden, weil man vermutete, dass die Hexerei vor allem die Frauen betraf und ihre Welt viel verschlossener und geheimnisvoller war.[5] Der *Goldene Esel* von Apuleius beweist dies, da die meisten der magischen Tricks und Zaubersprüche dort von verschiedenen Frauen zu ihrem eigenen Vorteil ausgeführt werden.[6] Es soll versucht werden, Gründe dafür zu finden, warum in dem Roman hauptsächlich Frauen als Ausführende solcher Handlungen dargestellt werden. Liegt es daran, dass Frauen in der Gesellschaft nur wenige Rechte genießen? Wenn ja, war die Ausübung von Hexerei und Magie ein Mittel, um diesem sozialen Minderwertigkeitskomplex zu entkommen? Oder dienten sie dem persönlichen Vorteil? Diese Fragen sollen anhand des *Goldenen Esels von* Apuleius beantwortet werden.

1.3 Rechtfertigung

Die Ausübung von Magie und Hexerei wurde immer mit Frauen in Verbindung gebracht. Nicht nur in den antiken Gesellschaften, sondern auch in der heutigen Welt, einschließlich Simbabwe, wurden Frauen stets der Hexerei bezichtigt. Während der Zeit des Kaisers Nero (60-64 n. Chr.) wurden viele Frauen verbrannt, nachdem sie als Hexen *(sagae, lamiae) beschuldigt worden waren.*[7] Der Roman *Der goldene Esel* zeigt, dass die meisten magischen und hexerischen Handlungen zu schlechten

---

5   Rosen B., 1969, Hexerei, S. 8.
6   Graves R., 1990, The Golden Ass, S. 9 - Meroe - Sokrates' Freundin sorgte dafür, dass sie jeden Mann verführte die sie als nützlich für ihr Privatleben erachtete.
7   Dies war die Zeit, die viele Gelehrte als Neros Jahre des Wahnsinns bezeichnen, in denen er die Menschen verfolgte. die christliche Gemeinde, die sie beschuldigte, die Stadt niedergebrannt zu haben, und sie für alles Unglück verantwortlich machte, das der Stadt und dem Reich widerfuhr.

Ergebnissen führen und auf Neugierde beruhen, um etwas zu erreichen, das sich der Kontrolle des Einzelnen entzieht.[8]

Die Fragen lauten nun: Waren es immer die Frauen, die Hexerei betrieben, und waren die so genannten "bösen Praktiken" immer böse, oder wurden sie zeitweise für gut gehalten, wie es in den klassischen Epen belegt ist?[9] Die Forschung hat gezeigt, dass die Ausübung von Magie und Hexerei nicht nur aus bösen Gründen erfolgt. Nach dem Tod eines führenden Bürgers in der Stadt Larissa wurde ein ägyptischer Magier namens Zatchlas vor der Beerdigung angerufen, um die Ursache für den Tod des jungen Mannes zu ermitteln. Nachdem er die Geister beschworen und seine Tränke gemischt hatte, verkündete Zatchlas, dass die "gierige" Frau des jungen Mannes diejenige war, die ihn getötet hatte.[10]

In anderen klassischen Texten werden Frauen von Aristoteles als deformierte, unvollständige oder verstümmelte Männer betrachtet.[11] Hesiod erklärte, eine Frau (Pandora) bringe Schmerz und Böses mit sich und sei eine Betrügerin.[12] Um diesen Anschuldigungen zu entgehen, flüchteten sich einige Frauen in Religion, Kult, Magie und Hexerei und wurden schließlich als Hexen beschuldigt. Plinius der Ältere schrieb in seiner *Naturgeschichte*: "... wenn die Magie auch unwirksam und berüchtigt ist, so enthält sie doch Schatten der Wahrheit, insbesondere der Kunst, Gift herzustellen, und niemand fürchtet sich vor Zaubersprüchen."[13]

Die Ausübung von Magie und Hexerei wurde im republikanischen Rom negativ gesehen und war verboten. Die römischen Behörden waren gegen Zauberei und Beschwörung, weshalb ein Gesetz gegen diese Praktiken erlassen wurde. Das Gesetz, das Rom gegen Zauberei anwandte, *lex Cornelia de sicariis et veneficis* (81 v. Chr.), richtete sich ursprünglich nicht gegen Zauberer, sondern gegen Mörder, und die Begriffe *de sicariis et veneficis* unterschieden die beiden. *De sicariis* bezieht sich auf diejenigen, die offen mit einer Waffe töteten, während *de veneficis* sich auf diejenigen bezieht, die heimlich durch Gift oder Magie töteten.[14]

Zur Zeit des Apuleius hatte sich dieses Gesetz auf den Einsatz okkulter Mittel zur Herbeiführung bösartiger Handlungen oder Ereignisse ausgeweitet. Mit anderen Worten, es scheint, dass Magie und

---

8 Graves R., 1990, Op cit, S. 49 - 50 - Lucius ließ sich in einen Esel verwandeln, obwohl er es eigentlich wollte ein Vogel werden.
9 Tully C., 2002, The Cauldron:- Witchcraft, Paganism and Folklore-Witches of Ancient Greece and Rome, http://www.thecauldron.org.uk/ - Hexen führten Helden wie Odysseus, Aeneas und Jason, und ihre Führung ist auch in der römischen Literatur belegt, etwa in den *Oden* und *Epoden* des Horaz oder in den *Pharsalia* des Lucan.
10 Graves R., 1990, The Golden Ass, S. 34 - 35 - es scheint, als sei sein Tod eine Folge von Hexerei.
11 Aristoteles über Frauen, www.newfoundations.com/WOMAN/Aristotle/ , abgerufen am 26. August 2011.
12 Wender D., 1973, Hesiod und Theognis, S. 62, 70.
13 Angst vor dem Unbekannten und dem, was man nicht kontrollieren kann.
14 Das Gesetz der Zwölftafel (451 - 450) verbietet es, die Ernte des Nachbarn auf sein Feld zu locken, indem man Magie.

Hexerei gefährliche Praktiken waren und manchmal nicht vertrauenswürdig, weshalb sie in der Dunkelheit, meist nachts, praktiziert wurden.[15] Einmal wurde Apuleius beschuldigt, Hexerei und Magie zu praktizieren, und er versuchte mit allen Mitteln, sich vor der Justiz zu rechtfertigen.[16] Dies wurde in einer seiner überlieferten Abhandlungen, *der Apologia* - Die Verteidigung, festgehalten.

Dies zeigt in gewisser Weise, dass Hexerei und Magie nicht nur mit Frauen in Verbindung gebracht wurden, sondern dass es auch Männer gab, die Hexerei und Magie praktizierten, wie z. B. der Mathematiker Pythagoras, der offen Philosophie, Wissenschaft und Magie praktizierte.[17] Im alten Rom wurde die Magie wie eine Wissenschaft behandelt, und die Römer verwendeten viel Magie in ihrem täglichen Leben, obwohl sie verboten war. Die Römer bedienten sich der magischen Astrologie und verwendeten Amulette, Beschwörungen, Heil- und Verfluchungsformeln.[18] Nun stellt sich die Frage: Wer ist eine Hexe, ein Magier oder ein Zauberer? Handelt es sich um Personen, die eine geheimnisvolle Machtposition innehaben, oder um Personen aus den unteren Rängen der Gesellschaft? Vor der Beantwortung dieser Fragen ist es wichtig, den Hintergrund des Autors und der betrachteten Texte darzulegen.

1.4 Ţdas Werkş vonLuciuşApuleiuş^Ţdas *Goldene Aşş* und *TheApolOgia*

Sowohl der *Goldene Esel* als auch die *Apologia* sind ausgezeichnete Quellen für Hexerei und Magie, denn es wird angenommen, dass der Autor dieser beiden großen Werke einst wegen der Verwendung magischer Gebräuche verurteilt wurde. Er war auch daran interessiert, zu verstehen, wie sich diese mystischen Praktiken entwickelt haben. Diese beiden Werke wurden von einem Mann geschrieben, der in Afrika geboren wurde, in Griechenland ausgebildet wurde und später in Rom aufwuchs. Michael Grant zufolge wurden sie im "rasanten, extravaganten Stil der professionellen Geschichtenerzähler der Zeit" verfasst.[19] Apuleius steht also nicht nur für eine neue Verfeinerung der künstlichen Verwaltung von Gedanken und Sprache, sondern auch für das Auftauchen gewisser angeborener Qualitäten des Lateinischen, die lange Zeit durch die entscheidende Vorherrschaft von unterdrückt wurden - die Art und Weise, die unter der Republik als klassisch etabliert wurde, aber in der Struktur und dem Temperament der Sprache durchweg latent vorhanden war. Nach der Lektüre

---

15 Graves R, 1990, Op cit, S. 31 - 36 - Um zu zeigen, dass die Kunst der Magie und Hexerei bei Apuleius gefährlich war *Die Goldesel* von Larissa mussten mit einer hohen Geldsumme dafür bezahlt werden, dass sie eine Leiche pro Nacht bewachten, damit sie nicht von Hexen oder Zauberern vor der Beerdigung verstümmelt wurde, und einmal wurde ein junger Mann von Hexen entstellt, nachdem sie ihn mit der Leiche verwechselt hatten, die er in der Nacht, in der er Dienst hatte, bewachte.
16 Auch Mamercus Scaurus wurde der Hexerei bezichtigt - Tacitus, Die Annalen, Buch 4, Nr. 29.
17 "Pythagoras - Pythagoras der griechische Philosoph" in Occultopedia, das Okkulte und Unerklärliche Enzyklopädie, www.occultopedia.com/p/pythagoras.htm , abgerufen am 15. Juni 2012.
18 Arbel I., "Witchcraft the Dawn of Witchcraft" in Encyclopedia Mythica, www.pantheon.org/areas/featured/witchcraft/chapter 2.html, abgerufen am 11. November 2011.
19 Graves R, 1990, Op cit, S. xvi.

dieser beiden Romane wird man feststellen, dass der *Goldene Esel* ein moralischer Roman ist, während die *Apologia* eine Verteidigung darstellt. Dennoch geht es in beiden Texten hauptsächlich um Themen, die mit Magie und Hexerei zu tun haben.

Lucius Apuleius - Er wurde um 125 n. Chr. in der römischen Kolonie Madaurus in Numidien, Nordafrika (dem heutigen Mdaourouch, Ostalgerien), geboren und erhielt seine Ausbildung in Karthago, von wo aus er anschließend an die Universität von Athen ging. [20] Luca Graverini gibt Apuleius "drei Herzen", ein griechisches, ein römisches und ein afrikanisches Herz. Jedes Herz beeinflusste die Art und Weise, wie er seine *Metamorphosen* schrieb.[21] Das lag an seiner sozialen und akademischen Ausrichtung. Er war einer der besten Schriftsteller seiner Zeit und interessierte sich sehr für das Reisen. Er verbrachte einen Großteil seines Lebens mit dem Schreiben und Vortragen. Obwohl er weder ein Redner noch ein Philosoph war, umfasste sein Werk sowohl Reden als auch philosophische Abhandlungen.

Apuleius war sehr an religiösen Dingen interessiert. Er glaubte an die Magie und wurde in die Mysterien der Isis eingeweiht. Er soll selbst Wunder vollbracht haben, die die Beherrschung von Magie und Zauberei voraussetzten. Dies führte schließlich dazu, dass er im Zusammenhang mit seiner Heirat mit der wohlhabenden Witwe Pudentila, der Mutter seines Freundes, verhaftet und wegen Hexerei angeklagt wurde.[22] Zu seinen Werken gehören philosophische oder mystische Abhandlungen wie *Über das Universum, Über den Gott des Sokrates* und *Über Platon und seine Lehre.* Seine berühmtesten Werke waren der *Goldene Esel,* auch bekannt als die *Metamorphosen,* die *Apologia,* seine Verteidigung gegen die gegen ihn erhobenen Anschuldigungen[23] , sowie die *Florida.* Sein Hauptverdienst liegt in seiner Tätigkeit als Romancier - ein Schriftsteller von Prosaromanen, in denen er die *Novelle elocutio* auf den höchsten Punkt brachte.[24] Die christliche Gemeinschaft betrachtete Apuleius als eine Inkarnation des Antichristen, der gesandt wurde, um die Verehrer des wahren Gottes zu verwirren.[25]

Apuleius' *Goldener Esel* ist einer der erhaltenen Romane, die in lateinischer Sprache verfasst wurden. Die Forschung, die sich seit Mitte des letzten Jahrhunderts mit der narratologischen Dimension des Romans befasst, hat eine vorläufige Abgrenzung vorgenommen, die den Themen Magie, Religion,

---

20 Mackail J. W., 1909, <u>Latin Literature</u>, S. 238 - Er war ein griechischer Jugendlicher mit römischem Namen, vermögend und prominent.
Familie
21 Graverini L., <u>Literatur und Identität im Goldenen Esel des Apuleius,</u> S. 165.
22 Apuleius' Freund Sicinius Pontianus war gestorben, und seine Schwiegereltern beschuldigten ihn, seinen Freund ermordet zu haben.
Er verliebt sich in die Mutter seines Freundes, Aemilia Pudentilla, die ebenfalls Magie einsetzt.
23 Er soll Magie eingesetzt haben, um seinen Freund zu töten und sich in seine Mutter verliebt haben.
24 Mackail J. W., 1909, <u>a.a.O.,</u> S. 239.
25 Ebd., S. 242.

Gerechtigkeit, Kultur, Priesterschaft und Philosophie eine zentrale Rolle zuschreibt.[26] In verschiedenen literarischen Kontexten und auf verschiedenen Ebenen der wissenschaftlichen Interpretation haben diese Themen die Tendenz, sich auf die biographische Identität von Apuleius als Provinzpriester, Staatsmann, platonischer Philosoph und schließlich Deren Hauptziel innerhalb der Grenzen des komischen Romans verwandelt sich von einer Untersuchung der Rolle der dämonischen Magie als soziale Praxis, obwohl sie zur Zeit ihrer Abfassung wenig bekannt war, in eine tiefgründige Offenbarung der höchsten Ebene eschatologischer Weisheit, die den mystischen Parameter des Isiskults umfasst.[27]

Der *goldene* ∕Iw[28] - ist ein Roman, in dem ein junger Mann namens Lucius nach Hypata reist, einer Region Griechenlands, in der die Hexerei notorisch grassiert. Er hatte sich dorthin begeben, um einen Freund in geschäftlichen Angelegenheiten zu treffen. Als junger Mann war Lucius sehr neugierig darauf, alles herauszufinden, was er von seinen Reisegefährten in Hypata erfahren hatte. Die spätere Beschreibung von Lucius, als er sich aufmachte, Hypata zu erforschen, könnte als Definition für intellektuelle Neugier dienen, aber es scheint, dass er viel über die Kunst der Hexerei wissen wollte. Er ließ sich mit dem Hausmädchen seines Gastgebers, Fotis, ein, damit sie ihm zeigen konnte, wie die Frau seines Gastgebers ihre Vorstellungen umsetzte. Lucius ignorierte die indirekten Warnungen, die ihm präsentiert wurden, die warnenden Erzählungen und die Statue des Actaeon. Er reagierte auf die ausdrückliche Warnung, dass Pamphile, die Frau seines Gastgebers, eine mächtige Hexe sei. Als Fotis begann, die Rolle der Magie in seinem Alptraum beim Fest des Lachens zu enthüllen, war seine Neugierde sofort geweckt.

Die Neugier ist also eindeutig die Kraft, die Lucius dazu brachte, die Magie zu erforschen, und die schließlich dazu führte, dass er sich in einen Esel verwandelte und eine lange Zeit in dieser Form verbrachte. Er reiste an viele Orte und lernte viele Dinge, bis er von der Göttin Isis gerettet wurde. Er erkannte, dass die Seele nach Glück strebte und dies nur durch verschiedene Gefahren erreicht werden konnte, darunter auch die Hexerei; daher schwor er, der Göttin Isis zu dienen, um dieses Glück zu finden, nachdem sie ihn gerettet hatte.

Wie der Titel schon sagt, erzählt "*Metamorphosen*" von all den Verwandlungen, die Hexen durchmachen, wenn sie im Begriff sind, ihre "besondere" Aufgabe zu erfüllen, die Welt um sie herum zu kontrollieren . Dieser Roman zeigt, dass nicht nur Frauen Hexerei und Magie praktizieren, sondern auch Männer. Lucius war neugierig und wollte die Kunst der Magie (*ars magica*) erlernen und

---

26 Gamlath I., 2010, Grade der Einheit im Motivationsniveau: verzweifelte Hexen in Apuleius' *Goldenem Esel* und Theurgen in Iamblichus de mysteries, S. 196.
27 Ebd.
28 Graves R, 1990, Lucius Apuleius: Der Goldene Esel, England, Penguin Books Ltd

verwandelte sich schließlich in einen Esel.[29]

Manchmal können Hexerei und Magie in der Familie praktiziert werden, so finden wir im *Goldenen Esel*, dass die Schwestern Panthia und Meroe beide Hexen waren und alles haben konnten, was sie sich wünschten.[30] Für Apuleius haben alle Hexen Pläne, wie sie ihre Beute fangen können. Die Bemühungen der Hexen sind erfolgreich, ob ihre Beute nun die richtige Person ist oder nicht. Der Einsatz von Magie und Hexerei führt dazu, dass man in Schwierigkeiten gerät; so verwandelt sich Lucius in einen Esel, Circe verwandelt Odysseus' Männer in Tiere, während Calypso andererseits Odysseus' Liebe verliert. Medea verlor ihre Familie.[31]

Die *Apologia*[32] - Lucius Apuleius wird den Geschworenen vorgeführt und beschuldigt, durch Zauberei das Leben seines Freundes Sicinius Pontianus beendet und dessen Mutter Aemilia Pudentilla geheiratet zu haben. Zu Beginn seiner Verteidigung plädiert Apuleius auf "nicht schuldig" in Bezug auf die gegen ihn erhobenen Vorwürfe.

Nachdem er seinen Fall vor den Geschworenen vorgetragen hat, verteidigt sich Lucius Apuleius gegen jede gegen ihn erhobene Anschuldigung. Er wird beschuldigt, Magie zu praktizieren, die er als schwarze Kunst bezeichnet, und seine Verteidigung ist in seinem Traktat *Apologia* gut formuliert. Für ihn ist die Neugier auf Dinge wie Magie und Hexerei gefährlich und zieht in der Regel schwere Strafen nach sich, die nur durch Weisheit, die durch Leiden entsteht, gelindert werden können. Er wird beschuldigt, Gegenstände zu besitzen, die vermutlich auf magische Weise benutzt wurden, um die Liebe der Mutter seines Freundes zu gewinnen und seinen Stiefsohn zu ermorden.

Für diese Untersuchung ist der Prozess eine Plattform, um zu erklären, ob die Hexerei nur von Frauen praktiziert wird. *Die Apologia* zeigt auf, warum Magie und Hexerei praktiziert werden, und Apuleius selbst versucht, seine Position zu erklären, indem er zunächst die Wurzeln des Begriffs "Magie" erläutert und sich dann mit der Begründung verteidigt, dass er weder ein Magier noch ein Zauberer ist.[33] Die *Apologia* beweist auch, dass diejenigen, die der Hexerei beschuldigt wurden, auch die Möglichkeit hatten, sich zu verteidigen, falls sie zu Unrecht beschuldigt wurden. Vor allem aber zeigt die *Apologia* einen Mann, der der Hexerei angeklagt wird, und widerlegt damit die Behauptung, dass nur Frauen Hexen sein können.

---

29 Graves R., 1990, a.a.O., S. 50.
30 Ebd., S. 10.
31 Die Neugierde auf das Okkulte ist leichtsinnig und gefährlich, und es folgt immer ein böses Erwachen.
32 Butler H. E., Lucius Apuleius: Die Apologia, Internet-Klassikarchiv
http://classics.mit.edu//Apuleius/apol.html
33 Bulter H. E., Die Verteidigung von Apuleius , http://classics.mit.edu//Apuleius/apol.html abgerufen am 7. März 2011.

1.5   Konzeptioneller Rahmen

Dies sind einige der wichtigsten Begriffe, die in dieser Arbeit verwendet werden:

Hexerei - Die Kunst oder Macht, magische oder übernatürliche Kräfte zu nutzen, oder die Handlung oder Praxis, dies zu versuchen. Hexerei bedeutet eine bösartige Kraft, die bestimmten Menschen innewohnt und anderen auf mysteriöse Weise Schaden zufügen kann, und wurde in der Antike nicht von Magie unterschieden. Die wichtigste Erklärung für unerwarteten Tod, Krankheit und Unglück waren Hexerei und Zauberei.[34] Einige der lateinischen Begriffe, die für das Wort Hexerei verwendet werden, sind: *ars magica, ars maga, magica disciplina, magia, magicum*.[35] In den Werken des Heiligen Augustinus sind die üblichen Bezeichnungen für Hexerei *magica, artes magicae* oder einfach *ars*.[36] Die Hexerei stand im Widerspruch zur etablierten Religion und wurde später mit den Werken des Teufels gleichgesetzt.

Magie - Die Kunst, mit Hilfe von Zaubersprüchen angeblich übernatürliche Kräfte herbeizurufen, um Ereignisse zu beeinflussen; manchmal auch als Hexerei bezeichnet. Es handelt sich um jeden Versuch, die Umgebung des eigenen Ichs durch ungeprüfte oder nicht prüfbare Mittel wie Zaubersprüche und -sprüche zu kontrollieren. Die Praxis war im Griechischen als *mageia* und *magos* und im Lateinischen *als magia* und *magus* bekannt.[37] In den ersten Jahrhunderten, etwa im 8. Jahrhundert v. Chr., wurde die Hexerei nie als etwas Besonderes betrachtet, das sich radikal von Religion und Medizin unterschied, aber im Laufe der Zeit, vor allem im 1. Jahrhundert n. Chr., wurde sie für andere Zwecke eingesetzt, so dass die römischen Behörden die Zauberei abschafften, und jede Gesellschaft stellte Religion und Magie einander gegenüber[38], wobei die Religion Wunder bewirkte, während die Magie Teufelswerk war. Jean Botlero, ein französischer Historiker, definiert Magie als "... ein System sozialer Tatsachen, das auf dem Glauben an die unmittelbare Wirksamkeit einer bestimmten Anzahl von Einstellungen, Verfahren und Elementen beruhte, das gewöhnlich eingesetzt wurde, um wohltuende Wirkungen zu erzeugen, dessen Beziehung zu seiner Ursache jedoch aus unserer Sicht vollkommen irrational war."[39]

---

34 Lagerwerf L., 1987, Witchcraft, Sorcery and Spirit Possession: Pastoral Response in Africa, S. 5.
35 Dies zeigt, dass der Begriff "Hexerei" von vielen Gesellschaften der antiken Welt unterschiedlich aufgefasst wurde und dass sie von anderen gelernt wurde. Es wird angenommen, dass die Römer diese Kunst von den Etruskern übernommen haben. Sie hatten von den früheren Bewohnern Italiens eine starke Ausprägung der Hexerei geerbt.
36 Keeman M. E., Juli 1940 , 'The terminology of witchcraft in the works of Augustine' in Classical Philology, Bd. 35 Nr. 3, S. 294-295 - Der heilige Augustinus unterscheidet die Begriffe kaum und behauptet, dass *artes magiae impiae artes, artes vanae et malae* sind und dass die Hexerei sowohl in ihrem Ursprung als auch in ihrem Erfolg das Werk von Dämonen ist und dass alle solchen Praktiken als *artes demonicae* und *ritus falsae demonum* zu betrachten sind.
37 Burris E. E., April 1936, "The Terminology Of Witchcraft" in Classical Philology, Bd. 32 Nr. 2, S. 138.
38 Magie unterscheidet sich von Religion so wie Unkraut von Blumen - Robert Potter.
39 Jean Claus di Basio, Ars Arcana: Magie in der römischen Welt, http://what ist witchcraft.blogspot.com, abgerufen am 20. Januar 2012.

Hexe - Eine Person, in der Regel weiblich, die Magie oder Zauberei praktiziert oder zu praktizieren vorgibt, insbesondere die schwarze Kunst, oder von der angenommen wird, dass sie mit dem Teufel zu tun hat. Nach Chavhunduka wird eine Hexe in der Sozialanthropologie als eine Person definiert, der eine ausgeprägte und inhärente Bösartigkeit innewohnt, durch die sie ihren Mitmenschen auf geheimnisvolle Weise schadet.[40] Das früheste lateinische Substantiv für den Begriff Hexe war *praestigiatrix* - Prophetin, und *praecantrix* - Wahrsagerin.

Die lateinischen Schriftsteller bezeichnen sie als *sagae* oder *sagae mulieres*.[41] Hexen arbeiten nachts und werden daher *nocturnae* genannt. Einige Hexen besitzen die Fähigkeit, ihre Gestalt zu verändern, und diese Hexen werden *strigae* genannt; Apuleius und Pamphille, Milos Frau, gehören zu dieser Kategorie, und diejenigen, die sich in Tiere, insbesondere Wölfe, verwandeln, sind als *versipelles* bekannt.[42] Manchmal glaubt man, dass eine Hexe gar nicht anders kann, als eine zu sein, und manchmal weiß sie nicht einmal, dass sie eine Hexe ist. Hexen werden mit Aktivitäten wie dem Brauen von Zaubertränken, dem Fliegen auf einem Besenstiel und der Begleitung von Tieren in Verbindung gebracht, und nach heutiger Auffassung bewegen sie sich nachts nackt.

Lamiae - In der klassischen Mythologie war Lamia die Tochter des Poseidon und Mutter der libyschen Sibylle. Sie war ein Ungeheuer, das Kinder raubte und ein Schrecken für Ammen war. Auch weibliche Geister, die sich an Kinder hefteten, um ihnen das Blut auszusaugen, wurden Lamiae genannt. D. W. Leinweber verwendet dieses Wort austauschbar mit dem Wort Hexe. Es wird angenommen, dass sie dasselbe bedeuten, denn die Eigenschaften der Lamia sind die gleichen wie die einer Hexe, so dass in dieser Forschung eine Hexe an einem Punkt eine Lamia ist.[43] Lamiae nutzten die Hexenkunst, um sich eine verführerische Schönheit zu geben, die anfällige Jugendliche in ihre Macht lockte, und dies gilt auch für Pamphile, die mit ihren nächtlichen Zaubersprüchen Jugendliche dazu verführte, sie zu lieben.[44] Der Begriff "Lamia" wurde zu einer Bezeichnung für jede Hexe oder jeden Dämon mit ähnlichen Neigungen und wurde als Vorläufer der modernen Vampire angesehen.

Zauberer - Ein männlicher Hexer oder ein Mann, der Magie oder Zauberei praktiziert oder zu praktizieren vorgibt. Das lateinische Substantiv für einen Zauberer ist regelmäßig *praestigiator*. Aber im Allgemeinen wurde ein Zauberer *magus, sagus, maleficus, veneficus* oder *vates* genannt.[45] Für einen Römer war ein *magus* das männliche Gegenstück zur Hexe. Apuleius gibt eine weitere

---

40 G. L. Chavhunduka, 1980, Op cit, S. 132.
41 Burris E. E., April1936,   Op cit, p138
42 Ebd., S. 139.
43 Leinweber D. W.,1994,Hexerei   und Lamiae im Goldenen Esel, S. 77.
44 Ebd.
45 Burriss E. E., April 1936, a.a.O., S. 141.

Definition des *magus*: Er erwirbt die Macht, alles zu tun, was er will, indem er durch Beschwörungsformeln mit den Göttern spricht (*Apol.* 26). Dieser *Magus* interessiert sich auch sehr für das Wirken der Vorsehung und verehrt die Götter übermäßig (*Apol.* 27). Ein Zauberer wird manchmal auch als Magier bezeichnet, und der Magier ist ein scharfer Beobachter der ihn umgebenden natürlichen Welt, dessen Sinn für Ursache und Wirkung durch seine mystische Geisteshaltung oder durch seine Unkenntnis der wahren wissenschaftlichen Methode verzerrt wurde. Die Tatsache, dass wir einen Namen und eine Definition für einen Mann haben, der Hexerei praktiziert, zeigt, dass die Handlungen der Magie und Hexerei nicht auf ein bestimmtes Geschlecht beschränkt waren, sondern sowohl von Männern als auch von Frauen ausgeübt wurden.

Zauberei - Zauberei wird betrieben, wenn man hilfreichen Geistern Opfer darbringt oder Zaubersprüche verwendet. Sie ist in fast allen traditionellen Gesellschaften anzutreffen. Solche Praktiken unterscheiden sich von der Religion, in der Götter in Ehrfurcht angebetet oder durch Gebete um Hilfe angefleht werden, und von den hochentwickelten Künsten der Alchemisten und Zeremonienmagier. Die Zauberei zielt darauf ab, Ergebnisse zu erzwingen, anstatt sie durch Bitten zu erreichen, und sie wird mit einfachen und gewöhnlichen Mitteln betrieben.[46] Religiöse Strömungen unterscheiden nicht zwischen Magie und Zauberei, da sie glauben, dass beides Mittel des Teufels sind, um die Menschen dazu zu bringen, sich von ihren religiösen Überzeugungen abzuwenden.

1.6.1 Zielsetzung

Ziel dieser Untersuchung ist es, die Rolle der Frauen bei der Ausübung der Hexerei und der Magie zu untersuchen und die Gründe zu ergründen, warum in den antiken Gesellschaften, d. h. in der römischen und der griechischen Welt, vor allem Frauen der Ausübung der Magie beschuldigt wurden, wobei der Roman *Der goldene Esel* von Lucius Apuleius im Mittelpunkt steht.

1.6.2 Zielsetzungen

a)   Aufzeigen, wie die antike Gesellschaft Frauen in Bezug auf die Ausübung von Magie und Hexerei betrachtete, und die Ausübung von Magie und Hexerei im *Goldenen Esel* des Apuleius - mit Schwerpunkt auf Charakteren wie Meroe, Lucius und anderen - und überprüfen, ob diese Praktiken nur auf Frauen ausgerichtet waren oder ob sie ein männliches Gegenstück beinhalteten;

b)   Die Stellung der Frau in der antiken Welt (Griechenland und Rom) zu verdeutlichen;

c)   Untersuchung einiger Fälle, in denen Frauen in der römischen und griechischen Antike bei der Ausübung von Magie und Hexerei beobachtet wurden.

---

46 Ellwood R. S., Hexerei, Online-Enzyklopädie, http://encarta.m.s.n.com

d) Untersuchung einiger Fälle, in denen Männer bei der Ausübung von Magie und Hexerei auftreten.

1.7 Methodik und Forschungsmethoden

Hexerei und Magie waren außergewöhnliche Phänomene im täglichen Leben einer antiken Gesellschaft (und sind es auch in der heutigen Welt). In dieser Untersuchung geht es um Hexerei, Magie und Frauen in der antiken Welt mit Hilfe eines antiken Romans, nämlich *Der goldene Esel* von Lucius Apuleius. Bei dieser Untersuchung wird die qualitative Datenanalyse als Mittel eingesetzt, um die Idee zu bestätigen oder zu widerlegen, dass Frauen die einzigen sind, die Magie und Hexerei praktizieren, und um zu überprüfen, ob nicht auch Männer an diesen Phänomenen beteiligt sind.

Primärquellen sind für diese Forschung von größter Bedeutung. Der Schwerpunkt wird auf dem *Goldenen Esel* von Lucius Apuleius liegen, der eher für literarische Kritik anfällig ist, sowie auf seiner Abhandlung *Die Apologia,* die für eine philosophische Interpretation anfällig ist, bei der die Ansichten der antiken Philosophen (z. B. Platon und Aristoteles) kritisiert werden. Der phänomenologische Ansatz wird dazu beitragen, die Ansichten von Dichtern wie Homer und Hesiod und von religiösen Schriftstellern wie dem Heiligen Augustinus zu verstehen. Die Forschung wird auch die Ansichten zeitgenössischer Wissenschaftler wie Keeman (1940), Ogden (2002), Leinweber (1994), Gamlath (2010), Gibson (1979) und vieler anderer bewerten, deren Werke sich mit dem *Goldenen Esel* und mit Magie und Hexerei befassen.

1.8 Literaturübersicht

1.8.1 Antike Gelehrsamkeit

Als Hesiod versucht, seinem Bruder Perses einen konstruktiven Rat zu geben, sagt er ihm, er solle Frauen meiden, denn sie seien Hindernisse für seinen Fortschritt. Für Hesiod sind Frauen eine Quelle allen Übels, sie bringen Schmerz und Elend hervor.[47] Er erzählt die Geschichte von Pandora, eine Geschichte darüber, wie die Probleme aller Menschen durch die Frau entstanden sind.[48] Gleichzeitig zeigt er aber auch, wie unglücklich ein Mann ohne Frau ist. Auf diese Weise bringt *Works and Days* die Ansichten der Menschen (Männer) in den antiken Gesellschaften über die Stellung der Frau an die Oberfläche. Wenn man sich in dieses Epos vertieft, wird man herausfinden, wie Hesiod versucht, die negative Seite der Frau zu beschreiben und wie sie eine Bedrohung für das Universum darstellt.

In Hesiods *Theogonie* wird beschrieben, wie die Welt entstanden ist. Sie bringt die Tatsache ans Licht, dass alle Führer des Universums - sowohl die Führer der Menschen als auch die der Götter -

---

47 Ebd., S. 62, 70.
48 Ebd., S. 61.

als Männer beschrieben werden, zum Beispiel Kronos, Zeus, Hades; und sie zeigt, dass Frauen, Göttinnen, weniger Autorität bei der Herrschaft über das Universum hatten. Die Göttinnen standen immer unter der Autorität der Götter. In seinem Epos erzählt Hesiod, wie den Menschen von den Göttern Leid zugefügt wurde. Obwohl es der schlaue Prometheus war, der die Menschen ins Unglück stürzte, war es die Frau, die den Menschen schließlich das Leid brachte. Pandora trug den Krug mit allen möglichen Problemen für die Menschen bei sich, den sie Epimetheus gab; für die Menschen blieb nur die Hoffnung.[49] Dies vermittelt eine Vorstellung von der Stellung der Frau in der Welt im Allgemeinen.

Diese Sichtweise der Unterlegenheit wird von Aristoteles in der *Politik* sehr wohl anerkannt. Für Aristoteles steht die Frau immer unter der Autorität des Mannes. Er bezeichnet sie als Untergebene, als deformierten Mann, als unvollendeten Mann; Namen, die die Frau in eine Position bringen, die sie ihrem männlichen Gegenstück unterlegen macht. Für Aristoteles ist die Frau sowohl körperlich als auch geistig schwach und lässt daher passiv zu, dass der Mann sie beherrscht.[50] Infolge solcher Ansichten, wie sie Aristoteles vertritt, haben Frauen offenbar nach anderen Mitteln gesucht, um ihren Geist zu erheben und ihre männlichen Gegenstücke in anderen Lebensbereichen zu dominieren. Dies bringt sie mit der Kunst der Hexerei in Berührung, und es lässt sich nicht leugnen, dass die Frauen in der Antike neugierig auf die Ausübung von Hexerei und Magie waren, um alles, was sie umgab, zu kontrollieren.

In der *Republik* ist Platon nicht der gleichen Meinung wie sie. Er sieht die Frau nicht als ein minderwertiges Objekt. Vielmehr gibt er eine mögliche Position für die Frau in der Gesellschaft. Für Platon sollten sowohl Frauen als auch Männer die gleiche Ausbildung im Leben erhalten.[51] Aus den Aussagen Platons kann man zum Beispiel schließen, dass, wenn ein Mann und eine Frau die gleiche Ausbildung erhalten können, dies bedeutet, dass ein Mann auch eine Ausbildung erhalten und an der Ausübung von Magie und Hexerei teilnehmen kann, da diese Phänomene auch gelehrt werden können. In den *Gesetzen* wird Platons Standpunkt deutlich, wenn er den Glauben an die Macht der Hexe oder des Magiers bezeugt;[52] so können sowohl Männer als auch Frauen Hexerei und Magie ausüben, denn nach Platon können beide die gleiche Ausbildung erhalten, physisch und intellektuell.

Der einzige Unterschied, den Platon zwischen Männern und Frauen nennt und der als relevant für die Stellung der Frau in der Gesellschaft angesehen werden kann, besteht darin, dass die Frau gebiert und

---

49 Ebd., S. 39 - 40.
50 Die Beziehung zwischen Mann und Frau ist von Natur aus eine Beziehung zwischen Überlegenen und Unterlegenen, zwischen Beherrschten und Beherrschern.
51 Lee H. D. P., 1960, Plato - The Republic, S. 204 - 205.
52 Levack B. P., 1992, Witchcraft in the Ancient World and the Middle Ages, S. 99.

der Mann zeugt;[53] aber wenn es um soziale Aktivitäten geht, teilen sich Männer und Frauen die Aufgaben und erfüllen die gleichen Funktionen, was zu den besten Ergebnissen in der Gesellschaft führt. Daraus kann man schließen, dass sowohl Männer als auch Frauen in der Lage sind, Hexerei und Magie zu praktizieren.

Obwohl dies für Platon zutreffen mag, ist es für Aristoteles und andere nicht dasselbe. Aristoteles' Argument geht auf die Verantwortung für die Fortpflanzung zurück, und er argumentiert, dass die Frau während der Fortpflanzung passiv ist und die Empfängerin ist, daher sollte sie passiv zulassen, dass der Mann sie bei den täglichen Aktivitäten dominiert.[54] Für Aristoteles hat die Frau ihre eigene Rolle im Haushalt, die darin besteht, das zu bewahren, was der Mann erwirbt, und das Verhältnis der Frau zu ihrem Mann ist das einer Untergebenen und Beherrschten. Eine solche Sichtweise passt zu der Auffassung, dass die Frau auf andere Praktiken in der Gesellschaft zurückgriff, wie z. B. den Beitritt zu Kulten, um sich von der ehelichen Knechtschaft zu befreien und ihren Haushalt zu kontrollieren, wenn sie die Möglichkeit dazu hatte.

In seinem Werk *De Divinatione* definiert Cicero den Begriff "Wahrsagerei" zunächst als eine Methode, mit der die Menschen etwas über die Zukunft erfahren:

Vetus opinio est iam usque ab heroicis ducta temporibus, eaque et populi Romani et omnium gentium firmata consensu, versari quandam inter homines divinationem, quam Graeci mantiken appellant, id est praesensionem et scientiam rerum futurarum.[55]

"Es ist ein alter Glaube, der uns sogar aus mythischen Zeiten überliefert wurde und durch die allgemeine Zustimmung des römischen Volkes und aller Nationen fest etabliert ist, dass es unter den Menschen eine Art von Wahrsagerei gibt; die Griechen nennen dies mantike - das heißt, die Voraussicht und das Wissen um zukünftige Ereignisse."[56]

Er fährt fort, dieses Phänomen zu erklären, indem er Beispiele von Menschen nennt, die diese Kunst praktizieren, und die Gründe, warum sie sie praktizieren, und so ordnet er die *ars magica* als Teil dieses Phänomens ein.[57] Am Ende vertritt er als Philosoph, obwohl er nie ein Urteil über alle seine Themen abgeben will, die Ansicht, dass er nicht an diese Kunst glaubt und sie eher als Aberglauben denn als Teil der Religion betrachtet, und er erkennt diejenigen, die diese Kunst praktizieren, nicht als Wahrsager an.

---

53 Ebd., S. 209.
54 Fouts S., 2007, Aristotelische Ansichten über Frauen, www.associatedcontent.com
55 Marcus Tullius Cicero, 1923, Über die Weissagung (de Divinatione), neu bearbeitet von Bill Thayer, Loeb Classical Library,
http://penelope.uchicago.edu/Thayer/E/Roman/Texts/Cicero/de Divinatione/
56 Ebd.
57 Ebd.

Nicht nur Apuleius interessiert sich für Geschichten über die Verwandlung von Menschen in Tiere und Gegenstände, sondern auch Ovid hat ein umfangreiches Werk geschrieben, das von verschiedenen Verwandlungen in der Antike erzählt. Ovids *Metamorphosen* sind ein Mock-Epos, das umfangreiche Geschichten aus der griechischen und

Römische Mythen. Der Titel dieses Werks, *Metamorphosen*, bedeutet Verwandlung von einer Form in die andere. Der Dichter erzählt von Männern und Frauen, die sich in Tiere, Bäume, Steine, Sterne und viele andere Dinge verwandeln, ähnlich wie im *Goldenen Esel* von Lucius Apuleius, wo die Hauptfigur durch einen Zaubertrank in einen Esel verwandelt wird.[58] Ein tieferes Verständnis dieser Geschichten zeigt, dass diese Verwandlungen nicht einfach nur zufällig geschehen; vielmehr sind einige das Ergebnis von magischen Handlungen oder Hexerei.

Ein klarer Einblick in diese Geschichten bringt die Gründe ans Licht, warum diese magischen Tricks praktiziert wurden, und es ist klar, dass sie zum Nutzen des Protagonisten praktiziert wurden, der seine Beute verwandelte.[59] Es ist auch klar, dass diese Handlungen nicht nur in böser Absicht, sondern bisweilen auch aus guten Gründen durchgeführt wurden.[60] Es ist schwierig, anderen ein solches Bild zu vermitteln, denn manche würden alles, was mit Hilfe von Magie geschieht, als nicht gut ansehen. Der heilige Augustinus von Hippo (354 - 430 n. Chr.) war gegen die Ansicht, dass es gute Magie gibt, die Apuleius manchmal als weiße Magie bezeichnen möchte.[61]

Als Sünder von Kindesbeinen an hatte der heilige Augustinus viel über böse Taten gelernt, und in den *Bekenntnissen* erklärt er die Gründe, warum man sich auf solche Taten einlässt. Nach seiner Bekehrung betrachtete Augustinus die Ausübung der Magie als böse, und als Mitglied der Manichäer war er in der Lage, zwischen dem Guten und dem Bösen zu unterscheiden; daher war er der Ansicht, dass das Böse einfach das Fehlen des Guten ist.

Für den heiligen Augustinus scheint die Ausübung von Hexerei und Magie schlecht zu sein, und diese Praktiken sind immer ein Übel, das durch den Missbrauch der Entscheidungsgewalt verursacht wird, die dem einzelnen Menschen innewohnt ( ); folglich schaden diese Praktiken anderen.[62] Der heilige Augustinus betrachtet Hexerei und Magie als ein moralisches Übel, das in der Verantwortung des Menschen liegt und nicht das Ergebnis der schöpferischen Tätigkeit Gottes ist, die nur in der Welt der Finsternis überleben kann. Aus den *Bekenntnissen* geht klar hervor, dass die Ausübung von Magie und Hexerei auf den Missbrauch des freien Willens durch den Menschen zurückzuführen ist, der ihm

---

58 Graves R., 1990, a.a.O., S. 48-51.
59 Innes M.M., 1955, Ovid: Metamorphosen, S. 62 -63, S. 100 - 101, S. 321 - 322.
60 Ebd., S. 155 - 178, S. 255.
61 Butler H. E., Op cit, http://classics.mit.edu//Apuleius/apol.html
62 Ebd., S. 72 - 73, 172 - 175.

von Gott gegeben wurde, um ihn weise und richtig zu nutzen.

1.8.2 Zeitgenössische Gelehrsamkeit

In ihrem Artikel "Die Rolle der Frauen und der Magie im Goldenen Esel von Apuleius" erklärt Nicole Smith, wer die Kunst der Magie und der Hexerei ausübt und wie dies in Bezug auf den *Goldenen Esel* geschieht. Ihrer Meinung nach sind es vor allem die Frauen, die sich mit der Ausübung von Magie und Hexerei befassen, und diese Frauen scheinen vor allem ihre männlichen Gegenspieler anzugreifen.[63] Für sie ist der Grund, warum Frauen diesen Beruf wählen, die Tatsache, dass sie als minderwertige Objekte im Vergleich zum Mann angesehen werden und daher andere Aktivitäten ausprobieren, bei denen ihre Überlegenheit spürbar ist.[64]

Cary und Haarhoff stellen fest, dass sowohl in der griechischen als auch in der römischen Gesellschaft die Frau der Autorität des Mannes unterstand und den Anordnungen ihres Mannes Folge zu leisten hatte. [65] Wenn sie nicht verheiratet war, unterstand sie der Autorität ihres Vaters oder einer männlichen Figur in der Familie. Römische und spartanische Frauen schienen ein hohes Maß an Freiheit zu genießen, im Gegensatz zu Frauen in anderen Gesellschaften.[66] In anderen Gesellschaften hatten Frauen die Religion und andere Feste als Mittel gefunden, um ihre Freiheit zu erlangen, und dazu gehörte auch die Ausübung von Magie und Hexerei.[67] Stambough erklärt, wie Frauen auf drei Ebenen betrachtet wurden, als Töchter, Ehefrauen und Mütter, und erläutert ihren Einfluss in verschiedenen Lebensbereichen.[68] In der römischen Welt genossen Frauen ein höheres Ansehen als ihre griechischen Geschlechtsgenossinnen, aber beide Parteien hatten keinen Einfluss auf die Angelegenheiten der Stadt. Dieser Text wird dazu beitragen, die Geschlechterrollen in Bezug auf die Ausübung der Hexerei in den antiken Gesellschaften zu erklären.

Walter B. Gibson erklärt, wie die antike Gesellschaft die Hexerei wahrnahm, und gibt dabei viele Beispiele von Frauen und Männern, die diesen Beruf ausübten, und er erklärt, warum sie diesen Beruf anstelle anderer "besserer" Berufe gewählt hatten. Gibson führt eine Reihe von Hexen als Beispiele an, wie Pamphile, Meroe, Fotis, Medea, Lamia, und wie sie ihren Beruf ausübten. Er gibt eines der Rezepte an, die Medea zur Verjüngung der Jugend und Schönheit verwendete.[69] Er erklärt, woher das

---

63 Lucius war nicht in der Lage, seinen sexuellen Appetit zu zügeln, wenn er sich Fotis näherte, und es wird vermutet, dass
Fotis könnte Mitglied einer "Hexenbande" gewesen sein, denn sie kannte alle möglichen Zaubertränke, und sie könnte einige Liebestränke verwendet haben, um Lucius zu verführen, damit er ihr nicht widerstehen würde.
64 Smith N., Die Rolle der Frauen und der Magie im Goldenen Esel von Apuleius, www.articlemyriad.com
65 Cary M. und Haarhoff T. J.,1966, Life And Thought In The Greek And Roman World, S. 142-146.
66 Ebd.
67 Ebd.
68 Stambough   J. E.,1988,Die antikerömische Stadt,p158ff.
69 Gibson W. B., 1979, 'Witchcraft Among The Ancient' In Witchcraft; A History Of The Black Art, S. 3 - Es
Dazu gehörten die getrocknete Haut einer Wasserschlange, im Mondlicht gesammelter Raureif, der Kopf und die Flügel

Wort *Lamia* stammt, und es gelingt ihm, die Hexerei so zu erörtern, wie Apuleius sie schildert.

McClymont weist darauf hin, dass bestimmte Personen, die in der homerischen Welt als Zauberer oder Hexen gelten, schließlich vergöttlicht oder gottgleich werden.[70] Als Beispiele führt er Calypso, Circe und Aeolus an. Die Frage ist nun, ob dies auf alle Hexen zutrifft oder ob McClymont sich nur mit Figuren wie Circe und Calypso befasst, da diese als Hexen und Göttinnen gelten. Aaron J. Atsma stellt eine neue Figur vor, die von allen Hexen, Zauberern, Magiern und Hexenmeisterinnen hoch gelobt wird.[71] Die griechische Göttin Hekate gilt als die Mutter der Magie, der Hexerei, der Geister, der Geisterbeschwörung und der Wahrsagerei. Sie besaß viele Kräfte, wurde auch von den unsterblichen Göttern verehrt und war ein Aspekt der Artemis. Wenn es eine Göttin gibt, die als Mutter aller Hexen gilt, wie kann dann eine irdische Hexe als Gott oder Göttin angesehen werden, wie McClymont behauptet, und worauf gründet sich ihre Göttlichkeit? Die Antworten auf diese Fragen werden im weiteren Verlauf der Diskussion deutlich werden.

Eli Edward Burris definiert und erklärt die Begriffe "Hexe", "Zauberer" und "Hexerei", die Aufschluss darüber geben, ob Magie und Hexerei dasselbe sind. In seinem Artikel "Die Terminologie der

Hexerei' scheint es keinen Unterschied zwischen Hexerei und Magie zu geben.[72] In den antiken Gesellschaften, insbesondere bei den Römern, gab es viele Bedeutungen oder Definitionen für die Begriffe "Hexe" und "Zauberer", aber die Begriffe, die bis heute überlebt haben, sind *magia* für Hexerei oder Magie, *sagae* oder *sagae mulieres* für Hexe und *magus* für einen Mann, der diese Kräfte über alle Dinge besitzt, also ein Zauberer.[73]

Robert S. Ellwood beschreibt die Hexerei sowohl aus soziologischer als auch aus psychologischer Sicht und führt verschiedene Definitionen an, die von verschiedenen Gelehrten für den Begriff Hexerei aufgestellt wurden. Er gibt auch verschiedene Ansichten der antiken griechischen und römischen Dichter und Romanciers wie Horaz und Apuleius wieder. Für Ellwood werden Zaubersprüche und Flüche von Hexendoktoren und Zauberern bekämpft; so wurde im *Goldenen Esel* zur Klärung der Todesursache eines jungen Bürgers von Hypata ein Wahrsager, Zatchlas der Ägypter, konsultiert.[74] Ellwood stellt fest, dass soziologisch gesehen die Ausübung von Magie und Hexerei in einer Gesellschaft dazu dient, den Glauben an die übernatürliche Welt und die Beziehungen der

---

einer Eule, die Eingeweide eines Wolfs, Stücke von Schildkrötenpanzer, der Kopf und der Schnabel einer alten Krähe, die Leber einer lebenden Schlacke, und sie mischte alle Zutaten mit einem getrockneten Zweig eines Olivenbaums.
70 McClymont J. D., 2008, 'The Character Of Circe In The Odyssey' in <u>Akroterion</u>, Vol. 53, p22.
71 Atsma A. J., 2008, Hekate<u>www.theoi.com/EncycA.html</u>
72 Burris E. E., April 1936, <u>Op cit,</u> Bd. 32 Nr. 2, S. 137.
73 Ebd., S. 137, 138, 139-140.
74 Graves R., 1990, <u>a.a.O.,</u> S. 34.

Menschen zu dieser Welt zu stärken und zu festigen. Aus psychologischer Sicht sieht er in der Ausübung von Magie und Hexerei ein Mittel, um ein Gefühl der Kontrolle über die Natur zu erlangen und so die durch Krankheiten, unsichere Jahreszeiten und Naturkatastrophen verursachten Ängste zu mildern.[75]

E. E. Evans-Pritchard fährt fort mit einer anthropologischen Betrachtung der Kunst der Magie und der Hexerei. Er unterscheidet die Begriffe "Magier", "Hexe" und "Zauberer" und wie sie von verschiedenen Gelehrten verwendet werden.[76] Er stellt fest, dass sich Hexen aus anthropologischer Sicht von Zauberern dadurch unterscheiden, dass sie keine physischen Werkzeuge oder Handlungen zum Verfluchen verwenden. Ihr *Maleficium* wird als von einer nicht greifbaren inneren Qualität ausgehend wahrgenommen, und die Person kann sich nicht bewusst sein, dass sie eine Hexe ist, oder sie kann durch die Suggestion anderer von ihrer eigenen bösen Natur überzeugt worden sein.[77] Hexen werden als teuflische Verschwörer gegen die wahre Religion angesehen. Das Konzept der Hexerei als schädlich wird als kulturelle Ideologie behandelt, ein Mittel, um menschliches Unglück zu erklären, indem ein übernatürliches Wesen oder eine unbekannte Person in der Gemeinschaft dafür verantwortlich gemacht wird. Evans-Pritchard erklärt, dass die Kräfte einer Hexe den Mitgliedern einer Gemeinschaft oder deren Eigentum Schaden zufügen.

* Behauptungen über Zauberer, Hexen und übernatürliche Hexen können aus sozialen Spannungen resultieren. Éva Pócs unterscheidet drei Arten von Hexen im Volksglauben, nämlich:[78]

* Die Nachbarschaftshexe oder Sozialhexe, die einen Nachbarn nach einem Konflikt verflucht. Nachbarschaftshexen sind das Ergebnis von Spannungen in der Nachbarschaft und kommen nur in autarken Leibeigenen-Dorfgemeinschaften vor, in denen die Bewohner weitgehend aufeinander angewiesen sind. Solche Anschuldigungen folgen auf die Verletzung einer sozialen Norm, z. B. die Nichtrückgabe eines geliehenen Gegenstands, und jede Person, die Teil des normalen sozialen Austauschs ist, könnte potenziell unter Verdacht geraten.

* Der Magier, Zauberer oder die Hexe ist in der Regel entweder ein professioneller Heiler, Zauberer, Seher oder eine Hebamme, oder eine Person, die durch Magie ihr Vermögen zum vermeintlichen Nachteil eines benachbarten Haushalts vermehrt hat, aber aufgrund von nachbarschaftlichen oder gemeinschaftlichen Rivalitäten und der Zweideutigkeit zwischen positiver und negativer Magie können solche Personen als Hexen bezeichnet werden.

---

75 Ellwood R. S., Hexerei, Online-Enzyklopädie, http://encarta.m.s.n.com
76 Evans-Pritchard E. E., 2010 , 'Witchcraft' in der Wikipedia, Die freie Enzyklopädie, http ://de.wikipedia. org/wiki/Witchcraft/
77 Ebd.
78 E. Pócs, 1999, S. 9-10.

* Das Übernatürliche oder die Nacht, die in Hofberichten als Dämon dargestellt wird, der in Visionen und Träumen erscheint. Insbesondere die übernatürliche Hexe hatte oft nichts mit kommunalen Konflikten zu tun, sondern drückte Spannungen zwischen der menschlichen und der übernatürlichen Welt aus, und ihre Arbeit wurde am besten im Dunkeln, in der Nacht abgeschlossen.

1.9 Kapitel-Zusammenfassungen

a) **Kapitel 2 - Magie und Hexerei in antiken Gesellschaften**

In diesem Kapitel geht es darum, wie die alten Römer, Griechen und Ägypter die Auswirkungen von Magie und Hexerei in ihrem Leben wahrnahmen. Es ist bekannt, dass Magie ein wichtiges Phänomen in den antiken Gesellschaften war, auch in der griechischen und römischen Gesellschaft.[79] Magie und Hexerei wurden von "fast allen" antiken Menschen als reale Kraft akzeptiert, und diejenigen, die sie ablehnten, leugneten ihre Wirksamkeit nicht. In den antiken Gesellschaften galten Magie und Hexerei als altertümlicher und mächtiger. Diese Phänomene zogen die Menschen an, weil sie praktisch waren und für sie einen Sinn ergaben, denn alles hatte einen Grund, der dem gewöhnlichen Menschen oft verborgen blieb, den Wissenden aber offenbart werden konnte: Magier, Zauberer und Hexen.

b) **Kapitel 3 - Frauen, Magie und Hexerei**

Es gibt verschiedene Gründe, warum eine Person der Ausübung von Magie und Hexerei beschuldigt werden kann, und dies wird durch einige der Gegenstände, die sie besitzen kann, belegt. In diesem Kapitel werden die Anzeichen für die Existenz einer Hexe, eines Magiers oder eines Zauberers, die Gründe für die Ausübung von Magie und Hexerei und die Entstehung von Magie und Hexerei beleuchtet. Die Frauen in der griechischen und römischen Welt der Antike fanden andere Möglichkeiten, um sich aus der Knechtschaft zu befreien, der sie ausgesetzt waren. Sobald ein Mädchen die Pubertät erreicht hatte, folgte die Verlobung und die Heirat , so dass die Mädchen keine Wahlfreiheit hatten und die Frauen keinen Einfluss auf die Entscheidungsfindung in jenen Tagen hatten.[80] Eine Frau verbrachte die meiste Zeit zu Hause und unterstand der Autorität eines Mannes, der das Oberhaupt der Familie war; als Tochter war sie das Eigentum ihres Vaters, als Ehefrau hatte sie die Befehle ihres Mannes zu befolgen. Um das Ziel dieser Arbeit zu erreichen, nämlich Gründe zu nennen, warum Frauen der Hexerei bezichtigt werden, und um zu prüfen, ob nur sie diese Kunst ausüben oder ob auch Männer daran beteiligt sind, werden auch die Ansichten anderer Gelehrter beleuchtet.

---

79 Ruiz-Montero C., 2007, "Magic in the Ancient Novel" In Paschalis M. et al (eds.), The Greek and The Römische Roman-Parallellektüre, S. 38
80 Siehe Seiten 36 - 41

c)   **<u>Kapitel 4 - Schlussfolgerung</u>**

In diesem Kapitel wird eine Zusammenfassung des gesamten Projekts präsentiert, in der einige der bereits in der gesamten Forschung diskutierten Fakten über Frauen, Magie und Hexerei in der antiken Welt Griechenlands und Roms hervorgehoben werden.

Kapitel 2: Magie und Hexerei in antiken Gesellschaften

2.1 Einführung

Hexen werden oft als unnachahmlich bei der Durchführung magischer Riten dargestellt. Antike Hexen hatten ihre eigene Art, die Menschen dazu zu bringen, das zu trinken, was sie für etwas Angenehmes hielten, zum Beispiel einen Liebestrank. Frauen mit übernatürlichen Fähigkeiten sind in allen alten Kulturen zu finden und dienen oft einem positiven und einem negativen Zweck im täglichen Leben und auf der Suche nach Wissen. Weibliche Zauberer oder Hexen sind in der klassischen Welt weitaus prominenter als ihre männlichen Gegenstücke, aber bedeutet dies, dass Frauen in der Realität eher zur Zauberei neigten als Männer? Antworten auf diese Frage ergeben sich nach einem tiefen Einblick in diese in antiken Gesellschaften praktizierten Phänomene.

2.2 Rom

Hexerei war bei den Römern sehr beliebt,[81] , und ein Großteil der modernen westlichen Hexenkunst stammt aus dieser Zeit. Die Römer erbten eine starke Ausprägung der Hexerei von den Etruskern, die vor ihnen in Italien lebten. Einige Akte der Hexerei kamen mit der Eroberung anderer Völker.[82] Mit der Ausdehnung des Reiches übernahmen die Römer ihre Traditionen in anderen Ländern, so dass sich der Hexenwahn ausbreitete.

Im alten Rom wurde ein gewisses Maß an Magie in der Staatsreligion offen anerkannt, und der Erfolg Roms als imperiale Macht wurde dieser Kombination zugeschrieben. In dieser Zeit waren Religion und Magie eng miteinander verbunden und an manchen Stellen sogar miteinander verwoben. Da diese Religion jedoch vom Staat finanziert wurde, gehörte sie auch zum Staat und wurde von ihm organisiert. Aus diesem Grund war die Religion das Gesetz und vice versa. Jede neue Religion, jeder Kult oder jede Gruppe, die behauptete, magische Kräfte zu besitzen, bedrohte die Staatsreligion und damit die absolute Autorität der Patrizierklasse über die Stadt.[83] Rom wurde von der wohlhabenden Oberschicht regiert, die über viele Generationen dafür gesorgt hatte, dass dies immer so bleiben würde. Dies zeigt, dass das gesamte Tagesgeschäft des Staates in den Händen der wohlhabenden Klasse lag. Daher war das Aufkommen der Hexerei als neue Religion in Rom eine Bedrohung für alle wohlhabenden Bürger, insbesondere für die männlichen Bürger, denn ihr Finger zeigte auf die Frau als Protagonistin dieser neuen Erscheinung in der Gesellschaft.

---

81 Die Römer rühmten eine legendäre Hexe, die Aeneas nach Avernus führte. Sie wurde Sibylle genannt, und die Orakel im Jupitertempel, die in Zeiten des nationalen Notstands konsultiert wurden, wurden nach ihr benannt und sind als die Sibyllinischen Bücher bekannt.
82 Gibson W., 1973, "Witchcraft among the Ancient" in Witchcraft: a History of the Black Art, S. 2.
83 Beresford CJ., 2009, Roman Witches: Ancient Witchcraft and the Religious Power of Magic in Rome, www.suite101.com/content/roman witches-a131156, abgerufen am 26. Februar 2011.

Eine Frau in einer dominanten Position war für die römischen Männer bereits eine Bedrohung, so dass die Vorstellung, dass eine Frau einen Mann physisch oder durch den Einsatz mystischer Kräfte besiegen könnte, sie in Angst versetzte. Obwohl es männliche Zauberer gab, wurden Frauen mit Ideen, die über ihren Stand hinausgingen, als Bedrohung angesehen.

In den Augen dieser römischen Männer ging die größte Bedrohung von den unterdrückten und bereits verärgerten Mitgliedern der Gesellschaft aus: Sklaven, Freigelassene, einfache Frauen und Frauen mit großem Verstand und Dominanz. Diese gesellschaftlichen Gruppen wussten, dass Gewalt gegen eine Militärmacht wie Rom nichts ausrichten würde, und so hielt der Selbsterhaltungstrieb der Gruppe sie von einem traditionellen Aufstand ab. Der Aufstand durch Religion, insbesondere durch Magie, war ein subtilerer und vor allem sicherer Weg.[84] Es war ein sicherer Weg, weil er für sie privat und realistisch war. Eine Revolte gegen den Herrscher war gleichbedeutend mit dem Tod; daher war es besser, sich den Weg zu einem besseren Leben im Privaten zu bahnen, indem man sich der Magie, der Gebräuche und anderer Mittel bediente.

Dies zeigt, dass die Ausübung von Magie und Hexerei nicht nur auf Frauen beschränkt war, sondern sowohl bei den Reichen als auch bei den Armen, sowohl bei Männern als auch bei Frauen, vorkam. Selbst reiche Leute wollten weiterhin herrschen und die Staatsgeschäfte kontrollieren, während die Armen sich aus der Sklaverei befreien wollten und deshalb zu Magie und Hexerei griffen.

Neben der Herstellung böser Gifte glaubte man, dass Hexen in der Lage waren, die Toten zu beschwören, die Elemente und das Wetter zu beeinflussen und sogar die Sterne und den Mond durch Verzauberung zu bewegen.[85] Einigen Hexen wurde die Fähigkeit zugeschrieben, sich in eine Gestalt zu verwandeln, am häufigsten in eine Kreischeule.[86] Die von den Römern geförderten stereotypen Bilder dieser Art führten dazu, dass Hexen auf den Straßen von einem Mob gesteinigt wurden, nachdem sie beschuldigt worden waren, beispielsweise das Mark von Kinderknochen für Tränke zu verwenden.[87] Die Römer folterten Hexen in einem verzweifelten Versuch, die Religion, die Frauen und den Staat zu kontrollieren.

Die Römer begannen mit der Folterung von Hexen, lange bevor die Christen damit anfingen. Während sie versuchten, Hexen und Propheten auszurotten, sahen die römischen Herrscher die Gelegenheit, sich mit anderen unerwünschten Religionen wie der Verehrung von Bacchus und Isis

---

84 Historum-Geschichtsforen, Hexenverfolgung in der Antike, http://www.historum.com/ancient history/27018-hexerei-uralte-welt.html, abgerufen am 18. März 2012.
85 Beresford C.J., 2009, Op cit, www.suite101.com/content/roman witches-a131156, abgerufen am 26. Februar 2011.
86 Pamphile verwandelte sich oft in eine Eule und unternahm nächtliche Flüge, um sich mit anderen Mitgliedern der sie mögen.
87 Historum-Geschichtsforen, Op cit, http://www.historum.com/ancient geschichte/27018-hexerei-antik-world.html, abgerufen am 18. März 2012

zu befassen, und behaupteten daher, dass Magie und die neuen Religionen ein und dasselbe seien und beide unterbunden werden sollten. Auf diese Weise wurden die Volksreligionen von den Eliten größtenteils erfolgreich unterdrückt.

Hebammen, weise Frauen, Ärztinnen, Kräuterkundige und Abtreiberinnen wurden mit Hexen gleichgesetzt, und ihre Arbeit wurde als verdächtig angesehen. Sie galten als die Bösen, die Magie einsetzten, um das Ungeborene zu töten, während es als akzeptabel galt, wenn ein Mann den Tod eines Kindes anordnete.[88] Aufgrund dieser Beschreibung wurden diese Frauen eher als *Lamiae* angesehen, und wenn man sie verdächtigte, ein solcher Mensch zu sein, war der Tod unvermeidlich.

Die Angehörigen der unteren Schichten waren wesentlich aufgeschlossener, und viele, vor allem Frauen, wandten sich für Heil- und Liebestränke an Straßenhexen und Wahrsagerinnen. Diese Hexen und ihre Kunden wurden von den Männern, die über sie schrieben, meist abgetan. Zahme Magie dieser Art, wie z. B. das Heilen oder das Herbeizaubern von Pflanzen, war staatlicherseits verpönt und wurde daher häufig im Privaten praktiziert. Liebestränke waren sehr beliebt, und eifersüchtige Ehefrauen und einsame Frauen wandten sich häufig an Hexen, so dass die Hexerei eher mit Frauen in Verbindung gebracht wurde.

2.3 Griechenland

Im Altgriechischen gibt es mehrere Begriffe, die Magie und Magier bezeichnen. Zu diesen Begriffen gehören μαγηα, γοετηα, αγύρτης. *Μαγηα* ist vermutlich ein nicht-griechischer Begriff, dessen Ursprung umstritten ist und der vermutlich Teil einer religiösen Sprache der Perser ist, in der *μαγος* der Priester oder ein religiöser Spezialist ist.[89] Die gebräuchlichen Bezeichnungen für Hexe im Griechischen sind φαρμακις und φαρμακευτρια, beide abgeleitet von φαρμακα, den Drogen oder Zaubersprüchen, die zum Handwerkszeug der Hexen gehörten.[90] In der homerischen Weltanschauung ist ein Magier oder eine Hexe kein Feind des Göttlichen, vielmehr ist es angemessener zu sagen, dass der homerische Magier oder die Hexe durch seine oder ihre Kunst zu einem göttlichen oder gottähnlichen Menschen wurde.[91] Während Magie und Hexerei für die Römer eine Bedrohung darstellten, waren sie für die Griechen ein Teil ihrer Religion.

In der griechischen Religion war Hekate[92] die Göttin der Hexerei, die sich in der Dunkelheit des

---

88 Wikipedia, die freie Enzyklopädie, Hexerei, http://en.wikipedia.org/wiki/Witchcraft, abgerufen am 17. Juli 2011
89 Graf F., 1995, "Die Entwicklung des griechischen Magiebegriffs unter Ausschluss des Zauberhaften" in Meyer M. und Mirecki P. (Hrsg.), Ancient Magic and Ritual Power, S. 30.
90 Ogden D., 2002, Magic Witchcraft And Ghosts In The Greek And Roman Worlds, S. 98.
91 McClymont J. D., 2008, Op cit, S. 22.
92 Hekate ist hier nicht die mächtige und gütige persönliche Gottheit, die Hesiod in der Theogonie beschreibt, sondern eine spätere Literatur.

Mondes verbarg und starke nächtliche Eigenschaften besaß. Sie wurde als ein Aspekt der Artemis betrachtet. Hekate war die Entdeckerin der Kräuterdrogen, und dies ist folglich die Spezialisierung von Medea und Circe. Sie wird mit Magie, Hexerei, Tod, Nacht, Mond, Geistern und Geisterbeschwörung in Verbindung gebracht und war mit der Verehrung anderer mystischer Gottheiten verbunden. Hekate galt als ein besonderes Wesen, das nachts aus der Unterwelt alle Arten von Dämonen und schrecklichen Gespenstern schickte, die Zauberei und Hexerei lehrten. Man glaubte, dass diese an Orten wohnten, wo sich zwei Straßen kreuzten,[93] auf Gräbern und in der Nähe des Blutes von Ermordeten.[94] Auch sie selbst wanderte mit der Seele der Toten umher, und ihre Annäherung wurde durch das Heulen von Hunden angekündigt.

Es wird angenommen, dass sie die Tochter von Perseus war,[95] , und dass sie ihren Vater in schamloser Gesetzlosigkeit übertraf. Sie liebte die Jagd, und wenn ihr das Glück versagte, richtete sie ihren Bogen auf Menschen statt auf Tiere. Sie war eine eifrige Herstellerin von Mischungen tödlicher Drogen {φαρμακα) und entdeckte den sogenannten *Eisenhut*. Sie testete die Kräfte jeder Droge, indem sie sie in das Essen mischte, das sie Fremden gab.[96] Als erstes vernichtete sie ihren Vater mit einer Droge und übernahm so seinen Thron, wodurch sie sich einen Namen für Grausamkeit erwarb. Auf diese Weise sammelte sie große Erfahrung.

Circe widmete sich auch dem Verständnis von Drogen aller Art und entdeckte alle möglichen Eigenschaften und unglaublichen Kräfte von Wurzeln. Vieles hatte sie von Hekate gelernt, aber noch viel mehr entdeckte sie durch ihre eigenen Forschungen. Sie wurde mit dem König der Sarmaten, die manche auch Skythen nennen, verheiratet. Zuerst tötete sie ihren Mann mit Drogen, und danach, als sie seinen Thron bestieg, übte sie viel grausame Gewalt gegen ihre Untertanen aus. Aus diesem Grund wurde sie aus der Stadt verjagt und floh in den Ozean. Dort bewohnte sie eine einsame Insel mit einigen Frauen, die mit ihr geflohen waren.

Vieles über Circe ist aus der Literatur bekannt, insbesondere aus Homers *Odyssee*. Odysseus landete auf seiner langen Heimreise nach dem Trojanischen Krieg auf ihrer Insel. Hier begegnete er der betörenden Frau, die mehrere Mitglieder seiner Mannschaft in Tiere verwandelt hatte. Die Passagen sind voll von Magie und Aspekten der Hexerei. Circe wird als Anwenderin von Zaubertränken und als Zauberkünstlerin dargestellt. McClymont zufolge "...sind die Kräfte eines Zauberers und eines

---

93 Atsma A. J., 2008, Op cit, http://www.theoi.com/EncycA.html. - Dies könnte der Grund gewesen sein, warum Hekate wurde in dreifacher Form dargestellt, in Form einer Kreuzung, mit drei Köpfen:
1. Pferd,
2. Hund,
3. Löwe,
dass sie ein Geschöpf der Nacht ist.
94 Ebd.
95 Innes M.M., 1955, a.a.O., S. 157.
96 Atsma A. J., 2008, Op cit, http://www.theoi.com/EncycA.html.

Gottes beide natürlich und daher ähnlich, so dass Circe als Göttin eingelöst werden kann".[97] Es stimmt, dass die Zauberin Circe eine Göttin war,[98] , aber sie war auch eine Expertin in magischen Künsten, die sich unsichtbar machen konnte, und war eine bekannte Hexenfigur in der griechischen Mythologie.

Ihre magischen Salben verwandelten Odysseus' Besatzungsmitglieder von Tieren zurück in Menschen. Odysseus überwand ihre Macht mit einer magischen Wurzel μολυ, die ihm der Gott Hermes gegeben haben soll. [99] Obwohl in den Texten nicht genau gesagt wird, wie die Wurzel verwendet wurde, machte sie Circes Trank unbrauchbar. In der Antike war eine der Pflanzen, die jede Magie oder jeden Zauber überwinden konnten, der Knoblauch, daher könnte diese magische Wurzel Knoblauch gewesen sein. Knoblauch ist eines der ältesten Gewürze der Antike, das oft mit der Abwehr des Bösen gleichgesetzt wird, vielleicht wegen seiner heilenden Kräfte. Nach der Verwendung dieser Pflanze war das Ergebnis in der *Odyssee* positiv. Circe schwor einen Eid, keine weiteren Zauberkünste gegen Odysseus zu versuchen. Sie teilte die Geheimnisse der Nekromantie, die Odysseus in den folgenden Abenteuern helfen sollten.

Medea, die Nichte von Circe, ist ebenfalls eine Hexe und Priesterin im Mondkult der Hekate. Es wird berichtet, dass Medea alle Kräfte der Drogen von ihrer Großmutter und ihrer Tante erlernt hat, aber ihre eigene Neigung war das Gegenteil von der von Circe. Ständig rettete sie Fremde aus Gefahren, manchmal bettelte und flehte sie bei ihrem Vater um die Rettung der zum Tode Verurteilten, oder sie befreite sie selbst aus dem Gefängnis und verschaffte den Unglücklichen sicheres Geleit.[100] König Äthes, der durch seine eigene Grausamkeit und zum Teil auch durch seine Frau angespornt wurde, übernahm den Brauch, Fremde zu töten. Medea arbeitete stets gegen das Vorhaben ihrer Eltern, und es wird erzählt, dass König Ätes zu ahnen begann, dass seine Tochter ein Komplott gegen ihn schmiedete, und deshalb Wachen auf sie ansetzte, aber Medea entkam ihnen und floh in den Bezirk des Helios, der am Meer lag.

Drogen sind die Grundlage von Medeas Macht und untermauern alle ihre magischen Leistungen, mit Ausnahme der Zerstörung von Talos. Zu den verschiedenen Fähigkeiten, die ihr zugeschrieben werden, gehören die üblichen der antiken Hexenkunst, nämlich die Fähigkeit, Elemente, Landschaft, Mond und Sterne zu kontrollieren.[101] Medeas Magie wird mit Hilfe von Drogen ausgeübt.[102] Mit

---

97 McClymont J. D., 2008, Op cit, S. 21.
98 Tully C., 2002, Op cit, http://www.thecauldron.org.uk/ - Tully stimmt mit dieser Tatsache überein, denn sie sagt, dass Circe
war ursprünglich eine Art uralte Göttin, die nie alt wurde, sondern wegen ihres Unfugs degradiert worden war.
99 Historum-Geschichtsforen, Hexerei in der Antike, http://www.historum.com/ancient history/27018-hexerei-uralte-welt.html.
100 Ogden D., 2002,Opcit, S. 78-9.
101 Ebd., S. 82.
102 Innes M.M., 1955, Op cit, S. 162 - 163 - Medea besaß auch ein Messer, das Ovid das thessalische nennt

diesen heilt sie; sie verwandelt ihr eigenes Aussehen und wird zu einer alten Frau, sie fügt Wahnsinn zu und vertreibt ihn komplementär, sie verjüngt Pelias in einem kochenden Kessel, sie erschafft Phantomschlangen und ein Phantomlamm, und sie benutzt Drogen, um Glaukes Hochzeitskleid zu verbrennen und den Palast von Kreon niederzubrennen. In Jasons Reich galt Medea als exotisch und fremd und wurde daher nicht in die Gesellschaft integriert. Später verriet Jason sie und ließ sie aus politischen Gründen im Stich, um eine einheimische Prinzessin zu heiraten.

Kalypso, eine weitere schöne, übernatürliche Frau, die Odysseus ebenfalls auf ihrer Insel festhält, ist ein Doppelgänger von Circe in der *Odyssee*. In der Darstellung der beiden gibt es viele Berührungspunkte. Der Grund für Odysseus' Gefangenschaft auf Calypsos Insel ist, dass er Opfer eines erotischen Zaubers wurde, der ihn zwang, freudlosen Sex mit ihr zu haben, während er seine Frau Penelope noch liebte. Kalypso bot ihm Unsterblichkeit an, wenn er bereit wäre, seine Suche nach der Heimat aufzugeben. Bei Odysseus war das anders: Er wollte zu seiner Frau und seinem Sohn zurückkehren. Mit Hilfe der Götter gelang es ihm, aus Kalypsos Falle und Zauber zu entkommen.

Die obigen Ausführungen zeigen, dass die Praktiken der Magie und der Hexerei in größerem Umfang weiblich geprägt waren. In Griechenland standen diese Phänomene unter der Führung einer weiblichen Gottheit, was an sich schon zeigt, dass die meisten Frauen ihrem Kult zugeneigt waren, und es ist anzumerken, dass Frauen Hexen konsultierten, insbesondere in Krisenzeiten.

2.4 **Ägypten**

Magie, Hexerei und Religion durchdrangen jeden Aspekt des altägyptischen Lebens, und laut Pinch waren diese drei so miteinander verflochten, dass der Versuch, die Konzepte zu trennen, eine große Verständnislücke hinterließ.[103] Die Hexen im alten Ägypten nutzten angeblich ihre Weisheit und ihr Wissen über Amulette, Zaubersprüche, Formeln und Figuren, um die kosmischen Mächte für ihre Zwecke oder die ihrer Kunden zu bändigen. Es gab eine besondere Verbindung zwischen der Magie und Ägypten.[104] Wie die Hexenkunst jeder anderen Region basierte auch die altägyptische Hexenkunst auf der Tradition des Landes, auf Mythen, Legenden, Ritualen, Dramen, Poesie, Gesang, Tanz, Anbetung, Magie und einem Leben in Harmonie mit der Erde. Magisches Wissen und Macht gingen von den Göttern aus und wurden ihren Dienern, insbesondere den Königen und Lektorenpriestern, zuteil. Die Anhänger der ägyptischen Hexenkunst verehrten die altägyptischen Götter und Göttinnen. Die Göttin Isis galt als Besitzerin und Ausführende der Magie und war ausgezeichnet in der Sprache. Diese Gottheit spielt eine wichtige Rolle in der Handlung des *Goldenen*

Das Messer, mit dem sie Äson, Pelias und dem alten Widder die Kehle durchschnitt.
103 Pinch G., 1995, <u>Magic in Ancient Egypt</u>, http://www.rambles.net
104 Der Grieche Lukian berichtet in den <u>Philopseudes</u> (33-6) von Eukrates, der während seiner Ausbildungszeit in Ägypten die Macht der Magie erlebte.

Esels.

Die Ägypter schöpften ihre Weisheit aus ausgedehnten Aufenthalten in unterirdischen Kammern oder inneren Krypten. Dementsprechend soll Pythagoras seine Weisheit durch den Abstieg in ägyptische Krypten sowie durch Unterweisungen von Chaldäern und Magiern erlangt haben.[105] Aus diesem Grund wird vermutet, dass Pythagoras ein Mann der Magie war, denn er war mit magischen Formeln vertraut und liebte sowohl die Wissenschaft als auch die Magie. Pythagoras könnte zu seiner Zeit Magie praktiziert haben, womit ein Teil der Frage beantwortet wäre, ob nur Frauen Magie praktizierten.

Man glaubte, dass die Ägypter sehr weise waren und dass sie von den Göttern abstammten. Es waren die Ägypter, die die Erde vermaßen, die Wellen des Meeres zähmten, den Nil überquerten, die Astronomie erfanden und der Welt die Kraft der Sprache und die Entdeckung der magischen Macht gaben. Es heißt, dass Nektanebo, der allerletzte der ägyptischen Pharaonen, durch magische Kraft die Herrschaft über alle Völker erlangte. Durch Sprache konnte er sich alle Elemente des Universums untertan machen. Denn wenn plötzlich eine Kriegswolke über ihn hereinbrach, kümmerte er sich nicht um das Heerlager, die Waffenzüge, das Schärfen des Stahls oder der Kriegsmaschinen, sondern er zog sich in seinen Palast zurück, nahm eine bronzene Schale, füllte sie mit Regenwasser, formte aus Wachs kleine Boote und kleine menschliche Figuren, legte sie in die Schale und sagte einen Zauberspruch auf, während er einen Ebenholzstab schwang. Er rief die Engel und Ammon, den Gott Libyens, an. So konnte er die Feinde, die ihn angriffen, mit dieser Art von Lekanomantie und durch das Versenken der Boote vernichten und besiegen.[106]

Im alten Ägypten zählten Hebammen und Krankenschwestern auch Magie zu ihren Fähigkeiten, und weise Frauen konnten in Krisenzeiten konsultiert werden, um herauszufinden, welcher Geist oder welche Gottheit einer Person Schwierigkeiten bereitete. Hexer konnten männlich oder weiblich sein und wurden für solche Praktiken nicht verurteilt, aber Ausländer wurden beschuldigt, böse Magie anzuwenden. Pinch zufolge wurden zornige Gottheiten, eifersüchtige Geister und ausländische Dämonen und Zauberer für Unglücksfälle wie Krankheit, Unfälle, Armut und Unfruchtbarkeit verantwortlich gemacht.[107]

Der Mond spielt in der ägyptischen Hexenkunst eine wichtige Rolle. Daher trafen sich die ägyptischen Hexen bei Vollmond und zu Festtagen in Hexensalons, um ihre Energie zu steigern und sich mit den Naturkräften zu harmonisieren. Die ägyptischen Hexen zauberten bei Versammlungen, die mit den Mondphasen zusammenfielen, und teilten die Geheimnisse des Universums, die sie durch

---

105 Ogden D., 2002, Magic Witchcraft And Ghosts In The Greek And Roman Worlds, S. 52.
106 Ebd., S. 55-56.
107 Pinch G., 2011, Antike ägyptische Magie, www.bbc.co.uk/history/ancient/egyptians/magic 01.shtml

die Magie zu enthüllen glaubten. Dies war die Zeit, in der der Schleier, der die Welt der Lebenden vom Jenseits trennt, am dünnsten war. In dieser Zeit konnten die Toten in die Welt der Lebenden zurückkehren, wenn ihre Angehörigen sie willkommen hießen und feierten.[108]

Geraldine Pinch erklärt, dass für die ägyptischen Hexen der Tag mit dem Sonnenuntergang begann und am nächsten Tag mit dem Sonnenuntergang endete. Im Laufe der Zeit begann sich die altägyptische Hexenkunst auf das "Rad des Jahres" zu konzentrieren, das acht Speichen hatte, die die vier landwirtschaftlichen und pastoralen Feste und die vier Sonnenfeste zur Erinnerung an die jahreszeitlichen Sonnenwenden und Tagundnachtgleichen symbolisierten. Die sich wiederholenden Muster der wechselnden Jahreszeiten waren in der ägyptischen Hexenkunst von großer Bedeutung, da sie die Erntezyklen und andere wichtige Ereignisse bestimmten. Es wurden Rituale und Feste eingeführt, um diese jahreszeitlichen Zyklen zu feiern, vor allem, wenn gesät und geerntet wurde.[109]

Hexen praktizierten Heilmagie, Schutz, Vergeltung und Kanalisierung von Energie, um sich spirituell zu entwickeln. Sie schufen Kreise, um Magie zu wirken, und das wichtigste Werkzeug, das sie für ihre Arbeit verwendeten, war ein Ritualmesser. Die heilige Klinge wurde mit der Energie des Besitzers aufgeladen und diente dazu, einen Raum zu definieren, z. B. indem man einen heiligen Kreis zeichnete, in dem der Wille und die Energie des Besitzers wirkten. Eine Schale mit Wasser wurde verwendet, um das Element Wasser und seine Eigenschaften zu symbolisieren: Reinigung, Regeneration und Emotion. Andere wichtige Werkzeuge symbolisierten die Elemente Erde, Luft, Feuer und Wasser. Alternativ konnte auch eine kleine Schale mit Salz oder Erde verwendet werden, um das Element Erde zu symbolisieren.

2.5 Schlussfolgerung

Eine solche Beschreibung der Hexerei in den alten Gesellschaften zeigt, dass die Hexerei nicht nur schlecht, sondern auch nicht nur gut sein kann. Obwohl das Hexenhandwerk in der Welt einige regionale und soziale Unterschiede aufweisen mag, ist ein gemeinsames Merkmal, das sich durch das Hexenhandwerk aller Gesellschaften zieht, dass es eine erdgebundene Religion ist. Im Allgemeinen basiert die Hexerei auf persönlichem Glauben und Überzeugungen, der Verehrung heidnischer Götter und der Natur.

---

108 Socyberty, 2009, Hexen im alten Ägypten, http://relijoumal.com/paganism/haUoween-for-witches/
109 Pinch G., 2011, Op cit, www.bbc.co.uk/history/ancient/egyptians/magic_01.shtml

Kapitel 3: Frauen, Magie und Hexerei[110]

3.1 Einführung

Hexerei wird schon seit langem mit Frauen in Verbindung gebracht,[111] daher wird dieses Kapitel die Hexerei aus einer anderen Perspektive betrachten, wobei der Schwerpunkt auf den Gründen liegt, warum Frauen der Ausübung von Magie beschuldigt werden, und die Hexerei aus religiöser und philosophischer Sicht beleuchtet wird. Der Hexenwahn hat seinen Ursprung in der menschlichen Zivilisation selbst, und seine Ursprünge liegen in den traditionellen Überzeugungen und Religionen.[112] Auch wenn man annahm, dass die Hexerei hauptsächlich von erfahrenen Frauen ausgeübt wurde, wie viele nicht wahrhaben wollen, haben auch Männer sie praktiziert. Die in der Antike verwendeten Begriffe für Hexe, Zauberer und Hexerei waren sowohl weiblich als auch männlich. Hexen waren Vermittler zwischen Menschen und geheimnisvollen Übermächten wie Geistern. Wenn es einer Hexe gelang, ein scheinbar rätselhaftes Problem eines Menschen zu lösen, wurde dies als Magie bezeichnet, ein Vorgang, der sich nicht ohne weiteres durch eine logische Analyse erklären ließ.

Hexen glaubten an die Existenz von Geistern und an die Gleichheit aller Lebewesen im Universum. Sie erkannten auch ihren unterschiedlichen Status an, riefen jedoch die Geister um Hilfe an. Die Hexen waren der Ansicht, dass die geistige Welt und die physische Welt zwar miteinander verbunden, aber dennoch getrennt waren, und dass dieser Schleier der Trennung zwischen den beiden Welten nur in der Hexennacht dünn wurde. Sie baten höhere Mächte oder Geister um Hilfe und Führung bei der Lösung von Problemen, indem sie bestimmte Rituale durchführten, weshalb der gesamte Prozess als Hexerei bezeichnet wurde.[113] Die Hexerei ist heute eng mit dem so genannten Heidentum verwandt, das im Grunde genommen die Anbetung der Natur ist; daher werden Hexerei und Heidentum vom Christentum bekämpft.

Traditionelle Hexen setzten die Hexerei auf sehr praktische Weise ein, zum Beispiel durch die Verwendung von Kräutern zur Heilung von Krankheiten. In der Antike war die Hexerei als "Handwerk der Weisen" bekannt, denn die Weisen waren diejenigen, die dem Weg der Natur folgten und mit ihren Kräften im Einklang standen, die über das Wissen von Kräutern und Medikamenten verfügten, weise Ratschläge erteilten und als Heiler und Führer in einer Gesellschaft in hohem

---

110 Diese Begriffe rufen in den Köpfen vieler Menschen gegensätzliche Reaktionen hervor und sind unter den meisten Menschen umstritten.
religiöse Menschen.
111 Lagerwerf L., 1987, a.a.O., S. 5.
112 Webster's New World Encyclopedia, 1990, S. 1203 - Hexen und ihr Handwerk entstanden aus der Furcht vor dem Unbekannten und seiner imaginären Rolle bei der Gestaltung unseres täglichen Lebens, ob es nun einfach oder schwierig ist.
113 http://www.witchcraft.com.au/origin-of-witchcraft.html, abgerufen am 20. Februar 2012.

Ansehen standen . Sie verstanden, dass die Natur dem Menschen überlegen war und dass der Mensch nur einer der vielen sichtbaren und unsichtbaren Teile der Natur war, die zusammen ein Ganzes bilden.

3.2   Die Stellung der Frau im antiken Griechenland und Rom

So ist es für eine Frau schicklich, zu Hause zu bleiben und sich nicht im Freien aufzuhalten; aber für einen Mann ist es schändlich, drinnen zu bleiben, anstatt sich im Freien zu betätigen[114] - Xenophon.

Die meisten Belege für Aktivitäten in Bezug auf Frauen stammen von den Männern der klassischen Zeit, die in der Literatur über sie schrieben. In Gesetzen und Kodizes werden Frauen häufig erwähnt, aber die meisten von ihnen stammen von männlichen Autoren. Diese Produkte konnten keine eigenen Erfahrungsberichte von Frauen liefern, aber sie vermitteln uns ein gutes Bild von den Umständen, unter denen Frauen lebten, und davon, was Männer von Frauen dachten und erwarteten.

In der Antike war die Familie ein eigener Miniaturstaat, der durch einen strengen Kodex unter der Autorität *des paterfamilias* (des ältesten männlichen Mitglieds der Familie) zusammengehalten wurde.[115] Dies zeigt bereits, dass die Frau weniger Entscheidungsbefugnis hatte, wenn es um die Führung der Familie ging, sondern dass sie die Befehle des männlichen Familienoberhaupts entgegennahm, wie das folgende Zitat zeigt:

"Geh zurück ins Haus und kümmere dich um deine eigene Arbeit, den Webstuhl und den Spinnrocken, und sag deinen Mägden, sie sollen sich an ihre Arbeit machen. Der Krieg wird die Angelegenheit der Männer sein, aller Männer, deren Heimat Ilios ist, und vor allem meine."[116]

Die Worte Hektors an Andromache in der Ilias zeigen, dass die Autorität beim Ehemann oder Hausvater lag und dass der Platz der Frau zu Hause war. In der antiken Gesellschaft wurde die Frau als schwächeres Wesen angesehen; daher sollte sie an einem bestimmten Ort sein und bestimmte Aufgaben erfüllen.[117] Arbeit und Verantwortung wurden nach Geschlechtern aufgeteilt; demzufolge gab es eine Männerarbeit und eine Frauenarbeit.

Der Mann hatte eine feste Vorstellung davon, wo die Frau zu sein hatte und was sie dort zu tun hatte. Seit den Anfängen der Zivilisation standen die Frauen unter der patriarchalischen Autorität der Männer. Die Gesellschaft war ausschließlich männlich dominiert, und Frauen gehörten zum Haushalt und in den Haushalt. Es stimmt zwar, dass Autorität und Verantwortung in der Antike bei den Männern lagen, aber es ist auch eine Tatsache, dass Frauen große Verantwortung trugen. Die Frau

---

114 Blundell S., 'Women and the Household in Ancient Greece' in The Other Side Of Western Civilization: Lesungen im Alltag, S. 31.
115 Cary M. und Haarhof T. J., 1966, Op cit, S. 143.
116 Hammond M., Homer: The Iliad, S. 140-141.
117 Taylor D., 1975, Greek And Rome Topic 4: Work In Ancient Greece And Rome, S. 13.

war die Herrin im Haus, denn alle Mägde und Knechte unterstanden ihr, nur der Mann war immer der "Herr".

Aristoteles vertritt nachdrücklich die Ansicht, dass Frauen und Kinder der Aufsicht von Erwachsenen bedürfen, weil ihre Rationalität unvollkommen ist.[118] Im Haus war das männliche Oberhaupt der Besitzer von allem. Frauen, Kinder und Sklaven standen alle unter seiner *potestas*; er galt also als absoluter Besitzer - *dominus* - und konnte seinem Haushalt den Tod zufügen, wenn es sich lohnte. Für die Frau war es noch schlimmer, denn sie stand immer unter der Macht ihres Vaters, Bruders oder Ehemanns. Wenn eine Frau heiratete, musste sie in den *manus* ihres Mannes übergehen; sie musste ihren Mann zufrieden stellen, und wenn dies nicht der Fall war, wurde sie zu ihrer Familie zurückgebracht oder einem anderen Mann übergeben, und wenn sie nicht verheiratet war, blieb sie unter der Autorität ihres Vaters.[119] Dass die Männer solche Befugnisse hatten, bedeutete, dass die Frauen weniger Kontrolle über ihr Leben hatten.

Obwohl sie weniger Rechte als der Ehemann hatte, genoss die Ehefrau in Rom bessere Rechte als ihr griechisches Pendant. Sie wurde mit *domina* angesprochen und ging ihren täglichen Beschäftigungen im Hauptraum des Hauses nach, während die Frau in Griechenland ihren Beschäftigungen in der Abgeschiedenheit spezieller Wohnungen nachging.[120] Trotz dieses Unterschieds standen beide unter der Autorität ihres Mannes. Blundell fasst zusammen, dass eine Frau kein großes Vermögen besitzen, keine Verträge abschließen, keine Gerichtsverfahren einleiten oder führen, keine größeren Geschäfte tätigen und keine Ehe eingehen konnte, sondern immer zum Haushalt des Mannes gehörte.[121] Blundells Gedankengang lässt den Schluss zu, dass die Entscheidungsfreiheit der Frauen eingeschränkt war; sie hatten nur wenige Rechte und standen stets unter der Autorität des Mannes.

Die Bewegungsfreiheit war oft vom wirtschaftlichen Status abhängig, und in ärmeren Familien blieb die Frau zu Hause, weil sie für den Unterhalt der Familie sorgen musste. In einer reichen Familie musste die Frau nach draußen begleitet werden, und ihre Bewegungen wurden überwacht. In den alten Gesellschaften galten Frauen als minderwertig gegenüber Männern, weil man glaubte, dass sie starke Emotionen und einen schwachen Verstand hätten, kaum intelligenter als Kinder seien, und daher nicht in der Lage, sich selbst zu regieren. Deshalb mussten sich Frauen unter der Führung eines Mannes im Freien bewegen.

In einigen griechischen Stadtstaaten mit Ausnahme von Sparta gab es nur eine begrenzte Bildung für Frauen, und in den Staaten, in denen es für einige Mädchen und Frauen Bildung gab, wurde diese

---

118 Fouts S., 2007, Aristotelische Ansichten über Frauen, www.associatedcontent.com
119 Petrie A., 1949, Roman History Literature And Antiquities; An Introduction, S. 88.
120 Ebd., S. 88.
121 Blundell S., a.a.O., S. 30.

durch Eheschließungen blockiert, und wenn eine Frau versuchte, weiter zu lernen, wurde sie verachtet,[122] , und sie wurde als von Natur aus minderwertig und schwach angesehen. Töchter wurden im Haus erzogen, wo sie für die Frauenarbeit ausgebildet wurden, während Söhne sich frei im Freien bewegen konnten und eine bessere Ausbildung erhielten als die Töchter. Diese Ansicht wurde in vielen Zivilisationen übernommen, in denen das Mädchen nicht als so wichtig angesehen wurde wie ein Junge.

In den antiken Gesellschaften gab es nur wenige Berufe, so dass viele Frauen vor allem als Töchter, Ehefrauen und Mütter anerkannt waren und nicht als Juristinnen, Rednerinnen oder Philosophinnen. Als Töchter erhielten sie nie einen persönlichen Namen. Ihre Väter versorgten sie gut und verheirateten sie später mit ihren Freunden und potenziellen Verbündeten. Eheschließungen variierten je nach der Art der Personen, die in den Vertrag aufgenommen wurden, und in der Regel wurden Ehen, wie bereits erwähnt, nach Reichtum und Status arrangiert, die eine wichtige Rolle in einer Ehe spielten. Frauen wurden im zarten Alter verheiratet, um den Fortbestand der Familie zu sichern und den Status in der Gesellschaft zu wahren. In der Antike wurden Frauen gekauft, um Ehefrauen zu sein, und als Ehefrauen hatten sie keine Rechtsansprüche außer durch ihre Ehemänner oder Väter, deren Macht sie unterworfen waren. Frauen als Mütter waren mit der Erziehung von Kindern in einer respektablen Weise beauftragt.[123]

Wie aus den obigen Abschnitten hervorgeht, hatten die Frauen nur die Kontrolle über die häuslichen Angelegenheiten[124] , aber nach den Arbeiten anderer Wissenschaftler war diese Kontrolle für eine Frau nur durch eine bestimmte Anordnung des Ehemannes möglich. Ihre Rolle war strikt auf das Haus und die Führung des Haushalts beschränkt[125] und ihr Status war der einer Ehefrau und Mutter, deren Aufgabe es war, Kinder zu gebären und aufzuziehen. Das Haus war der wichtigste Tätigkeitsbereich der Frau.

Auf politischer Ebene war das Leben für eine Frau sogar noch schlimmer, da sie in politischen, militärischen oder zivilen Angelegenheiten unbedeutend war. O. Murray stellt fest, dass die *Polis* im Wesentlichen eine Männervereinigung war, und , dass Frauen keine Mitglieder der Versammlung sein durften.[126] Diese Ansicht wird von Sue Blundell unterstützt, die feststellt, dass Frauen keine politischen Rechte besaßen, von den Verfahren der Bürgerversammlung ausgeschlossen waren und kein öffentliches Amt bekleiden konnten.[127] Nun stellt sich die Frage: Wenn es einer Frau nicht

---

122 Cary M. und Haarhof T. J., 1986, Op cit, S. 146.
123 Stambough J.E., 1988, Op cit, S. 98.
124 Eine Frau ist wie eine Biene, sie schickt andere zu ihren Aufgaben außerhalb des Hauses, beaufsichtigt diejenigen, die im Haus arbeiten, und lagert, verwaltet und verteilt die Waren, die ins Haus gebracht werden.
125 Häuser, in denen es keine Frau gibt, sind weder geordnet noch wohlhabend.
126 Murray O., 1991, Life and Society In Classical Greece, S. 244.
127 Blundell S., a.a.O., S. 30.

erlaubt war, sich zu den Bedingungen der Gesellschaft, in der sie lebte, zu äußern, wie sollte sie dann ihre Gefühle in Bezug auf das politische und häusliche Umfeld, dem sie ausgesetzt war, zum Ausdruck bringen?

Murray führt weiter aus, dass es ebenso exklusive Frauenorganisationen gab, die in der Regel mit spezifischen, auf Frauen beschränkten Kulten verbunden waren, die jedoch als bloße Erweiterung der Männerwelt angesehen wurden.[128] Nachdem wir festgestellt haben, dass es für eine Frau unmöglich war, innerhalb der Familie Befehle zu erteilen, wie sollte sie dann auf politischer Ebene Befehle erteilen? Murray hat Recht, wenn er sagt: "...diese auf Frauen beschränkten Kulte waren Erweiterungen der Männerwelt...", denn die Ansichten der Mitglieder dieser Gruppen durften niemals gegen die Entscheidungen der männlichen Versammlungen gerichtet sein, sondern mussten strikt mit dem übereinstimmen, was von den Versammlungen festgelegt wurde. Diese Organisationen waren nur dann erlaubt, wenn sie mit der Öffentlichkeit konform gingen, sobald sie gegen die öffentlichen Gesetze verstießen oder mit ihnen in Konflikt gerieten, wurden sie als ungültig betrachtet und schnell wieder abgeschafft. Diese Gruppen setzten sich aus gebildeten und manchmal auch unverheirateten Frauen aus der Oberschicht zusammen.

Diejenigen Frauen, die nicht in der Lage waren, solchen Organisationen beizutreten, suchten sich andere Wege im Leben. Die meisten Frauen übten keine Berufe aus, sondern neigten dazu, ihre Freizeitaktivitäten nachzuahmen. Ihre Rolle änderte sich ständig, und ihr Status als Matriarchin wandelte sich mit dem Aufkommen einer fortgeschrittenen Zivilisation. Um sich aus der "Sklaverei" zu befreien, flüchteten sie sich in andere Bereiche der Unterhaltung, in die Religion und in Feste; so schlossen sich manche magischen und hexerischen Kulten an.

3.3 Uşe der magischen Poţion undWiţchcraftĵnApuleiuş'ş *Golden Aş5*

Der *Goldene Esel* ist ein monumentaler Meilenstein in der Geschichte der Hexerei, denn Lucius lernte Magie und Hexerei auf die harte Tour kennen. In *"Der goldene Esel"* ist Lucius ein Geschäftsmann, der von seiner Heimatstadt nach Thessalien reist, einer Region Griechenlands, die für die weit verbreitete Hexerei bekannt ist und von der man glaubte, dass sie eine Fülle von Kräutern hervorbringt, die ein Vorzeichen Zutaten für jeden Zaubertrank sind. Als er dort ankommt und von den geheimnisvollen Aktivitäten in der Stadt erfährt, möchte er mehr über die Hexerei wissen. Aus Neugierde lässt er sich auf diese Kunst ein, die ihn schließlich in einen Esel verwandelt.[129] Lucius erzählt in der ersten Person von seiner zufälligen Verwandlung in einen Esel und seiner letztendlichen Befreiung aus diesem Zustand durch die Göttin Isis, die Leinweber als ägyptische/hellenische Göttin

---

128 Murray O., a.a.O., S. 244.
129 Schon zu Beginn des Romans war Lucius bereit, einen hohen Preis für das Wissen um die Geheimnisse der Magie zu zahlen.

betrachtet.[130] *Der Goldene Esel* ist pikaresk und enthält eine Reihe von spannenden Erzählungen und Episoden mit thessalischen Hexen.

In der *Apologia* unterscheidet Apuleius die vermeintlich wahre Magie von den volkstümlichen Missverständnissen über sie. Er verortet den Ursprung der wahren Magie bei den Persern und betont, dass sie für sie eine Sache der frommen Religion sei; die Ausübung der wahren Magie dürfe also ohnehin kein Verbrechen sein. Es ist hilfreich, sich die populäre und vermeintlich falsche Definition von Magie vor Augen zu führen, nämlich als Zwiesprache mit den Göttern und das Vollbringen von Wundern durch Beschwörungen. In *Der goldene Esel* von Apuleius wird deutlich, dass die Neugierde, das zu erfahren, was den Menschen verborgen ist, dazu führt, dass man sich auf die Suche nach Zaubertränken begibt. Da Lucius in Thessalien, der Heimat von Magie und Zauberei, angekommen war, hatte er ein Interesse daran, alles Merkwürdige und Ungewöhnliche zu erfahren,[131] und das, was er aus Aristomenes' Erzählung gelernt hatte.[132]

Einer der erschreckendsten Aspekte von Aristomenes' Geschichte war der Witz, der die Grausamkeit der Hexe untermauerte. Meroe war mit den Gemeinplätzen der Hexerei ausgestattet und neigte, wie die Kupplerinnen, zur Trunkenheit. Nach D. Taylor neigten die meisten Frauen, insbesondere reiche Frauen, dazu, ihre Freizeitaktivitäten zu imitieren und feierten gerne Trinkgelage.[133] Die wichtigsten Hexenzyklen in *Der goldene Esel* beinhalten Tierverwandlungen. Meroe konnte Männer in Biber, Frösche, Widder und Schildkröten verwandeln.[134] Es wird ihr viel zugeschrieben, wenn es um die Ausübung von Bindungsmagie durch die Verwendung von Zaubersprüchen geht. In der Tat bindet sie auf eine sehr genaue Art und Weise; so verband sie zum Beispiel die Gebärmutter der Frau eines ihrer Liebhaber, nachdem sie mit ihr ein böses Wort gesprochen hatte.[135] Eine Besonderheit von Meroes Kräften war die Bandbreite, in der sie sie einsetzen konnte. In Konkurrenzsituationen setzte sie ihre magischen Kräfte ein, um Konflikte in Handel und Liebe zu lösen. Ihr Hauptanliegen ist die Liebe, und sie kann sogar Menschen aus entfernten Ethnien dazu bringen, sich in sie zu verlieben. Die Magie von Meroe ist außergewöhnlich und brutal.

Sokrates ist durch seine Missgeschicke ruiniert, aber es ist die Schuld von Meroe, dass er nichts mehr zum Anziehen hat, und trotz der Intervention von Aristomenes kann Sokrates der zerstörerischen Macht von Meroe nicht entkommen.[136] Er ist sicherlich ein Opfer der Hexerei und wird tatsächlich von Meroe und Panthia im Bett getötet. Seine weiteren Handlungen nach dem Erwachen müssen

---

130 Leinweber D. W., 1994, a.a.O., S. 77.
131 Graves R., 1990, a.a.O., S. 19-20.
132 Ebd., S. 5-15.
133 Taylor D., 1975, a.a.O., S. 18.
134 Graves R., 1990, a.a.O., S. 9.
135 Ebd.
136 Graverini L., a.a.O., S. 69.

daher auf eine magische Wiederbelebung zurückgeführt werden, und der Mechanismus, der dies bewirkt, kann nur der Schwamm und der Singsang sein.[137]

Diese lebendige Geschichte mischt das Gruselige mit dem Lustigen. Hexen konnten nicht nur Menschen in Tiere verwandeln, sondern auch sich selbst in Tiergestalt, falls sie ihre Aufgaben verkleidet erfüllen wollten. Merkwürdig ist jedoch, dass die Hexen sich das Leben selbst schwer machten, indem sie versuchten, Thelyphrons Gesichtsteile von außerhalb des Zimmers und durch einen Spalt in der Wand abzuschneiden, obwohl sie den Raum in Tiergestalt hätten betreten können.[138] Es scheint, dass Apuleius sie an dieser Stelle aus dem Zimmer verbannt, um ihren Fehler zu entlarven.

Es ist zweifelhaft, dass die Hexen die Körperteile des lebenden Thelyphron als akzeptablen Ersatz für die des toten Thelyphron betrachtet hätten. Der Besitz und die Manipulation der Körperteile des lebenden Thelyphron würde ihnen keine Kontrolle über irgendetwas geben, daher griffen sie darauf zurück, sie mit Hilfe von Wachs wieder an ihren Besitzer zurückzugeben. Wachs war ein geeignetes Material, da es üblicherweise für die Herstellung von Puppen verwendet wurde, die für ganze fleischliche Körper standen. Die Hexen des Altertums suchten Friedhöfe auf, und der Hauptgrund dafür war, dass sie Teile frisch begrabener Körper zum Mischen von Gebräuen und Salben verwenden wollten. In *Der goldene Esel* wollten die Hexen, die den Leichnam des toten jungen Mannes in Larissa verstümmeln wollten, die Körperteile für ihre Gebräue verwenden, und es ist klar, dass in Thessalien:

". *sagae mulieres ora mortuorum passim demorsitant, eaque sunt illis artis magicae supplementa.*"[139]

"... Hexen haben die Angewohnheit, Fleischstücke von den Gesichtern toter Menschen abzunagen, um sie in ihren magischen Gebräuen zu verwenden."[140]

Da sich herausstellt, dass die Witwe ihren Mann vergiftet hat, und da allgemein eine enge Verbindung zwischen Hexerei und Vergiftung bestand, kann man davon ausgehen, dass sie selbst eine Hexe ist. Es bleibt unklar, ob sie an der Verstümmelung beteiligt ist, oder ob sie tatsächlich mit der Hexe identifiziert werden kann, die sich in das schlafwandelnde Wiesel verwandelt hat, da die Hexen in dieser Geschichte offensichtlich über die Kraft der Unsichtbarkeit verfügen und in der Lage sind, diese Kraft zur Verschleierung ihrer Identität einzusetzen.

Als Abhilfe wird uns ein Zauberer vorgestellt, der die Verwirrung, die in der Familie herrschte, beseitigt. [141] Über den Wahrheitsgehalt der Antworten des Geistes lässt sich streiten, aber im

---

137 Ogden D., 2002, a.a.O., S.   135.
138 Graves R., 1990, a.a.O., S.   33.
139 Ebd., S. 31.
140 Ebd.
141 Ebd., S. 34 - Der Tod des jungen Bürgers war nicht sicher, aber die Ehefrau wird verdächtigt, ihn vergiftet zu haben.

Allgemeinen wird angenommen, dass die Geisterbeschwörung als die zuverlässigste Form der Prophezeiung galt. Aus griechischer Sicht werden Zauberer in der Regel als Priester dargestellt, und Zatchlas' Aussehen - Glatze, Sandalen aus Palmblättern und ein weißes Leinengewand - entspricht der typisch griechischen Vorstellung von einem ägyptischen Priester. Ägyptische Zauberer sind untrennbar mit ihren inneren Heiligtümern verbunden, und Zatchlas wird in ihren Namen angesprochen.[142] Das Vorhandensein griechischer sakraler Merkmale bei den Handlungen von Zatchlas zeigt, dass es eine Verbindung zwischen griechischem und ägyptischem Glauben gab. Es ist offensichtlich, dass Magie, Hexerei und Zauberei an allen geografischen Orten vorkommen, und dass die heiligen Merkmale in einem Gebiet fast dieselben sind wie in einem anderen.

Obwohl Zatchlas als Lösung für ein Problem zur Verfügung steht, stellt *der Goldene Esel* auch einen Zauberer vor, der ein Problem für die Gemeinschaft darstellt. Diophanes, der Chaldäer, ersticht sich in Unkenntnis seiner Taten selbst und beschließt aus Verlegenheit, sich von seinen Auftritten in einer anderen Stadt zu verabschieden.[143] Die Folgen der Behauptung, ein Zauberer zu sein, wenn man sich selbst bereichern will, sind also zuweilen negativ.

In weiteren Passagen aus Apuleius' *Goldenem Esel* hat der Bäcker den Geliebten seiner Frau im Haus gefunden, schlägt ihn und wirft ihn hinaus. Die Frau versucht nun, die Situation mit ihrem Mann wieder erträglich zu machen, und sucht deshalb eine Hexe in ihrer Gemeinde auf. Die Handlung spielt an einem ungenannten Ort in Thessalien, und die Hexe dort ist offenbar eine weitere thessalische Hexe.[144] Wie die anderen Hexen des Apuleius, Meroe und Pamphile, wird auch dieser Hexe ausdrücklich die Macht der Bindemagie zugeschrieben.

Die beiden Ziele, die die Bäckersfrau anstrebt, sind die Befriedung und Versöhnung ihres Mannes oder sein Tod. In magischer Hinsicht sind diese beiden Ziele nicht so unterschiedlich, wie sie zunächst erscheinen mögen. Ihre Funktionen sind dieselben, und man glaubte oft, dass solche Liebeszauber speziell zur Besänftigung des Zorns dienen. Die Hexe erweckt eine tote Frau zum Leben, und das Aussehen ihres Geistes ist offensichtlich das einer lebenden Frau, wie sie vom Bäcker für eine solche gehalten wird.[145] Sie ist jedoch so gelblich und abgemagert, wie man es mit einer Leiche assoziieren könnte; ihr Gesicht wird vielleicht von ihrem ungepflegten Haar verdeckt, um ein offensichtlicheres leichen- oder geisterhaftes Gesicht zu verbergen. Sie wird als trauernd dargestellt, entweder aufgrund der allgemeinen Assoziation zwischen Trauer und Tod oder, genauer gesagt, weil sie ihren eigenen, frühen und gewaltsamen Tod betrauert. Der Unmut des Geistes darüber macht ihn unruhig und für

---

142 ebd., S. 34 - 35 "...durch die Tempel von Koptos...durch die Mysterien von Memphis und durch die heilige Rassel von Pharos..."
143 Ebd., S. 26 - 27.
144 Ebd., S. 150 - 151.
145 Ogden D., 2002, a.a.O., S. 152.

magische Zwecke nutzbar. Ihr plötzliches Auftauchen und ihr mysteriöses Verschwinden aus einem verschlossenen Raum suggerieren Unantastbarkeit, aber die Tatsache, dass sie den Bäcker mit der Hand berühren kann, deutet auf das Gegenteil hin.[146] Der Bäcker erleidet einen grausamen Tod durch die Hand einer namenlosen Hexe. Nach seinem eigenen gewaltsamen Tod erscheint der Geist des Bäckers seiner Tochter.

Pamphile verfügt über einige der üblichen Kräfte einer thessalischen Hexe, wie die Begrenzung der Götter und die Kontrolle der Himmelskörper. Sie scheint ihre erstaunlichen Kräfte auf das übliche Ziel der Thessalier zu richten, nämlich die Erreichung der Liebe. Der Name Pamphile, der so viel wie "die Alleslliebende" bedeutet, passt perfekt zum Charakter der Hexe, da sie ein starkes sexuelles Verlangen hat. [147] Mit ihrer direkt erotischen Magie versucht sie, den böotischen Jüngling durch das sympathische Verbrennen seines Haares für sie zu begeistern.[148] Wieder einmal werden die magischen Kräfte der Hexen, welcher Art sie auch sein mögen, in erster Linie im Dienste der Liebe eingesetzt. Wie der Barbier andeutet, ist der Diebstahl von Haarlocken, die als Material für die erotische Anziehungsmagie dienen sollen, in Thessalien weit verbreitet. Ihre magischen Riten werden als eine Art Mysterien dargestellt. Fotis' Worte an Lucius evozieren die Vorstellung von einem inneren Heiligtum, das für solche Dinge geeignet ist, und in seinem Eifer, sich solche Mysterien erklären zu lassen, ähnelt Lucius Thessalus.

Von besonderem Interesse ist die Beschreibung des Hexenlabors von Pamphile. Bei den Metalltafeln mit unleserlichen Inschriften handelt es sich offensichtlich um Fluchtafeln mit *voces magicae* und pervertierten Schriftformen.[149] Bei Pamphiles Verwandlungsmagie wird die Verwandlung in ein Tier durch eine äußerliche Lotion und die Rückverwandlung in einen Menschen durch eine eingenommene Substanz bewirkt.

Lucius trug eine Lotion auf, die ihn in einen Esel verwandelte, aber er konnte nur in seine menschliche Form zurückkehren, wenn er Rosen gegessen hatte.[150] Dies ist das Gegenteil von Circes Verwandlungszauber.

Lucius' Abenteuer ist die Geschichte seines Sturzes, der durch *curiositas*, *serviles voluptates* und *Fortuna caeca* verursacht wurde, und diese Neugier auf das Übernatürliche entwickelt sich langsam durch Leiden, und er erhält Erlösung durch die Göttin Isis. Sowohl das Dienstmädchen Fotis als auch Lucius' Cousine Byrrhanea warnen Lucius, dass Pamphile eine oft tödliche Vorliebe für junge Männer hat. Mit Hilfe von Fotis wird Lucius Zeuge der Verwandlung Pamphiles in eine Eule, und

---

146 Ebd., S. 153.
147 Frangoulidis S., 2008, <u>Hexen, Isis und Narrative: Annäherungen an die Magie in Apuleius' Metamorphosen,</u> S. 27
148 Graves R., 1990, <u>a.a.O.</u>, S. 45 - 47.
149 Ogden D., 2002, <u>a.a.O.</u>, S. 144-145.
150 Graves R., 1990, <u>a.a.O.</u>, S. 49- 50.

aus Neugierde versucht er dasselbe Experiment, verwendet aber die falsche Salbe und wird in einen Esel verwandelt. Das einzige Mittel, um sich wieder in einen Menschen zu verwandeln, ist der Verzehr von Rosen, die er nur mit Hilfe der Göttin Isis finden kann.

Lucius hält Fotis für ein Mitglied des Hexenbundes. Die Tatsache, dass sie mit den magischen Aktivitäten des Hauses und den bei der Verwandlung verwendeten Salben vertraut ist, lässt sie in die Kategorie derjenigen fallen, die die Kunst der Magie und der Hexerei ausüben. Es ist möglich, dass Lucius, als er zum ersten Mal mit Fotis in Kontakt kam, sich in sie verliebte und sein Interesse an der Kunst der Magie fortsetzte, was schließlich zu seiner Verwandlung führte. Das sagt er selbst;[151]

" Sed ut ex animo tibi volens omne delictum, quo me tantis angoribus implicasti, remittam,

praesta quod summis votis expostulo et dominam tuam, cum aliquid huius divinae disciplinae

molitur ostende, cum deos invocat, certe cum reformatur, ut videam: sum namque coram magiae

noscendae ardentissimus cupitor, quamquam mihi nec ipsa tu videare rerum rudis vel expers."

Im letzten Buch hebt sich die Göttin Isis von anderen Figuren ab, die mit übernatürlichen Kräften ausgestattet sind, wie die Hexen Meroe, ihre Schwester Panthia, Pamphile, ihre Magd Fotis und Zauberer wie die Chaldäer und Zatchlas.[152] Isis ist die Göttin der Mutterschaft, der Magie und der Fruchtbarkeit. Isis, oder im Original eher Aset, war eine Göttin im altägyptischen Glauben, deren Verehrung sich in der griechisch-römischen Welt verbreitete. Sie wurde als ideale Mutter und Ehefrau sowie als Matrone der Natur und der Magie verehrt.[153] Sie war die Freundin von Sklaven, Sündern, Handwerkern und Unterdrückten und erhörte die Gebete von Reichen, Jungfrauen, Aristokraten und Herrschern. Ihre Herkunft ist ungewiss, aber es wird angenommen, dass sie aus dem Nildelta stammt.[154] In der gesamten griechisch-römischen Welt wurde Isis zu einer der bedeutendsten Mysterienreligionen, und viele klassische Schriftsteller erwähnen ihre Tempel, Kulte und Riten.

In der antiken Literatur ist es ein wiederkehrendes Thema, dass Männer, die Hexen begegnen, nicht nach Hause zurückkehren.[155] Wie Sokrates klarstellt, musste Meroe nur einmal mit ihm schlafen, um ihn zu versklaven, damit er nie wieder nach Hause zurückkehrt. Aristomenes, der nach seiner Begegnung mit den Hexen entsetzt ist, beschließt, nie wieder nach Hause zurückzukehren. Später in *Der goldene Esel* erfahren wir, dass auch Thelyphron nach seiner Begegnung mit den thessalischen Hexen aus Scham nicht mehr nach Hause zurückkehren konnte. Lucius' sexuelle und gegenseitige Begegnungen mit der Hexenlehrling Fotis bringen ihn dazu, den Gedanken an eine Heimkehr

---

151 Ebd., S. 47.
152 L. Graverini, ebd., S. 66.
153 "The Goddess Isis" in Witches of the Craft, http://witchesofthecraft.com/2012/01/12/the-goddess-isis/, abgerufen am 19. März 2012.
154 Ebd.
155 Ogden D., 2002, a.a.O., S. 135.

aufzugeben. Dies geschieht nicht nur in *Der goldene Esel*, sondern auch in der *Odyssee*, wo Odysseus ein ähnliches Schicksal durch Circe, Calypso und die Sirenen droht. Es ist klar, dass die Hexen es ihren Opfern ermöglichen, die Rückkehr in ihre Heimat zu vergessen. Sie lenken ihre Aufmerksamkeit auf sie, und wann immer sie an ihre Familien denken wollen, führen die Hexen ihren Zauber aus, um ihren Bann stärker und fester zu halten.

Nach der Freudschen Theorie ist der ursprüngliche Grund für die Neugier ein Interesse an der Natur der Sexualität, der Wunsch, das Verbotene zu sehen - einen sexuellen Akt oder die privaten Teile anderer.[156] In dieser abenteuerlichen Geschichte von Lucius scheint es eine starke Verbindung von Neugier, Angst, Zauberei, Hexerei, Magie, Frauen und Sexualität zu geben.

3.4 Gründe, warum Frauen der Ausübung von Hexerei beschuldigt werden

Die obige Diskussion hat gezeigt, dass die Ausübung von Magie und Hexerei mit dem Geschlecht verbunden war. Sie verweist auf die Frau als Protagonistin, und das Geschlecht ist definitiv das zentrale Thema. Bei der Lektüre *von Der goldene Esel* könnte man zu dem Schluss kommen, dass alle Frauen potenzielle Hexen waren. Ziel dieses Abschnitts ist es, einige der Gründe aufzuzeigen, warum die Anschuldigungen wegen der Ausübung von Magie und Hexerei geschlechtsspezifisch sind, insbesondere warum die Frau die Angeklagte ist. Die Antworten auf diese Fragen ergeben sich im Laufe der Diskussion.

Im Christentum wurde die Zauberei mit Ketzerei und Abtrünnigkeit in Verbindung gebracht. Sie wurde als böse angesehen, und es entstanden Ängste vor Hexerei, die schließlich zu groß angelegten Hexenverfolgungen führten. Man glaubte, dass das Christentum einen Kampf gegen den Teufel und seine geheime Armee von Hexen führte, die einen teuflischen Pakt geschlossen hatten. Viele Menschen wurden hingerichtet, andere wurden inhaftiert, gefoltert, verbannt und ihre Ländereien und Besitztümer wurden beschlagnahmt. Die Anschuldigungen der Hexerei wurden oft mit anderen Anschuldigungen der Ketzerei kombiniert. Im Mittelalter wurde *im Malleus Maleficarum, einem* berühmten, von der christlichen Gemeinschaft verwendeten Handbuch zur Hexenjagd, beschrieben, wie man eine Hexe identifiziert, was eine Frau mit größerer Wahrscheinlichkeit als einen Mann zu einer Hexe macht, wie man eine Hexe vor Gericht stellt und wie man eine Hexe bestraft. Das Buch definiert eine Hexe als böse und typisch weiblich. Die Mehrheit der Angeklagten waren Frauen.

Es ist klar, dass die klassische Literatur viele lebendige Darstellungen von Frauen als Anwenderinnen magischer Künste enthält, darunter Circe und Medea, Lucans Erictho, Apuleius' Meroe und Pamphile und Lucians Kurtisanen. Wissenschaftler haben festgestellt, dass in griechischen und römischen literarischen Quellen Frauen als Magieanwenderinnen dargestellt werden, obwohl andere Zeugnisse

---

156 Reardon B. P., 1989, a.a.O., S. 590.

wie griechische magische Papyri und die erhaltenen Fluch-Tafeln Männer als Ritualexperten und Magieanwender hervorheben. Was auch immer die Gründe für dieses Rätsel sind, die Lebendigkeit der fiktiven Beschreibungen weiblicher Magieanwender ist unbestritten. Diese Anschuldigungen enden nicht bei Darstellungen in der Literatur, sondern im wirklichen Leben, wo Frauen als Hexen beschuldigt werden.

Das offensichtlichste Merkmal einer Hexe war die Fähigkeit, einen Zauberspruch (magische Handlung) zu sprechen, der aus einer Reihe von Worten, Formeln, Versen, rituellen Handlungen oder einer beliebigen Kombination davon bestehen konnte. Ein weiteres Merkmal der Hexerei war die Nekromantie, d. h. die Beschwörung der Geister der Toten zum Zwecke der Weissagung. Die Kommunikation mit den Toten ist ein Zeichen dafür, dass es sich tatsächlich um eine Hexe handelt; in 1 Samuel 28 zum Beispiel konsultierte Saul eine Hexe, um mit Samuel zu kommunizieren. Die Hexe praktizierte Wahrsagerei und konnte die Toten zurückrufen. Hexen konnten böses Gift zusammenbrauen, das Wetter beeinflussen und sogar den Mond und die Sterne bewegen.

In den alten Gesellschaften weisen diese Phänomene auf die Frau als Protagonistin hin. Im Durchschnitt war die Hexerei, die als das ultimative Übel der Menschheit galt, geschlechtsspezifisch für Frauen, während die Glückseligkeit, das ultimative menschliche Gut, geschlechtsspezifisch für Männer war. Frauen als Gruppe wurden als erste wegen Hexerei strafrechtlich verfolgt. Frauen, die als Heilerinnen, Hebammen und Beraterinnen tätig waren und eine uralte Kombination aus Erfahrung (gesunder Menschenverstand) und magischen Techniken zur Heilung und Beratung einsetzten, wurden rechtlich für ihre Handlungen verantwortlich gemacht, sobald Hexereivorwürfe erhoben wurden. Als Gruppe unabhängiger Erwachsener gingen die Frauen in die Geschichte ein, indem sie beschuldigt wurden, Empfängnisverhütung zu betreiben, Fehl- und Totgeburten zu verursachen, Männer impotent zu machen, Männer zu verführen, Sex mit dem Teufel zu haben und böse Geister zu gebären.[157] Frauen wurden auch als Autoritäten in Sachen Sexualität angesehen, was zu heftigen Anschuldigungen wegen Hexerei führte.

Betrachtet man die Stellung der Frau in der Gesellschaft, so wurde [158]deutlich, dass die Meinung der Frau im politischen und sozialen Forum weniger anerkannt wurde. Es war der Mann, der in der Gemeinschaft und in der Familie das Sagen hatte. Bei einer solchen sozialen Stellung innerhalb der Gemeinschaft ist es möglich, dass eine Frau sich aus dieser Knechtschaft zu befreien suchte, indem sie sich mit Praktiken wie Magie und Hexerei vertraut machte. Nach Aristoteles war eine Frau ohne Bedeutung, ein deformierter Mann, ein schwaches und minderwertiges Objekt, dem es an Wissen und Können fehlte. Er vertrat die Ansicht, dass Frauen der Aufsicht von Erwachsenen bedürfen, weil ihre

---

157 Graves R., 1990, a.a.O., S. 8 - 9, 22, 45.
158 Siehe S. 48 - 53.

Vernunft unvollkommen und unreif ist.[159] Eine solche Beschreibung macht die Frau verletzlicher und zu einem leichten Ziel, das als Verbrecher, der Magie und Hexerei praktiziert, bezeichnet werden kann.

Gleich zu Beginn seiner Verteidigung in der *Apologia* bestreitet Apuleius die gegen ihn erhobenen Vorwürfe des Besitzes von Werkzeugen, die er für seine magischen Aktivitäten verwendet haben soll. Obwohl die Anschuldigungen auf verschiedene Instrumente hinweisen, die Hexen besitzen, verteidigt sich Apuleius mit dem Hinweis, dass es sich um Werkzeuge handelt, die er täglich zu Hause benutzt.[160] Diese Rechtfertigung zeigt, dass sich niemand damit abfindet, als Hexe bezeichnet zu werden, und dass diese Anschuldigungen manchmal auf Verdächtigungen beruhen. Manche Menschen werden beschuldigt, Magie und Hexerei zu praktizieren, was dazu führt, dass sie als Bedrohung für die Gemeinschaft, in der sie leben, angesehen werden. Aufgrund von Apuleius' Beredsamkeit und seiner Heirat mit der reichsten Frau der Gemeinde wusste der Bruder von Pudentilla, dass der gesamte Reichtum von Pudentilla an Apuleius gehen würde. So machte er mit dem Gedanken mobil, ihn zu beseitigen, bevor er etwas von ihr erhielt. Es ist festzustellen, dass Apuleius aufgrund der Feindschaft beschuldigt wurde, Magie und Hexerei zu praktizieren.

Nach den in Apuleius' *Goldenem Esel* dargestellten Stereotypen hätte man eher erwarten können, dass der Verdacht der erotischen Magie auf die älteren Frauen fällt, die in der Lage sind, jüngere Männer in ihre Zuneigung zu ziehen. Sokrates erzählt, er habe mit einer gewissen Meroe zusammengelebt.

Außerdem wird angedeutet, dass Meroe ihren hübschen jungen Gast verhext hatte und sie schon recht alt war, aber irgendwie fühlte sich Sokrates zu ihr hingezogen. In der Tat scheint Sokrates beim Erzählen seiner Geschichte kaum in der Lage zu sein, sein eigenes Handeln zu glauben; er nahm Meroe nicht nur mit ins Bett, sondern schenkte ihr auch all seine Besitztümer.[161] Sokrates ist nicht der einzige, der in eine ältere Frau verliebt ist. Es gibt auch den jungen Böotier, der in Pamphile verliebt ist,[162] und auch die Bäckersfrau, die mit einem ungenannten jungen Mann intim ist.[163] Solche Handlungen lassen den Verdacht aufkommen, dass eine Frau erotische Magie anwendet und somit als Magierin und Hexe gilt.

Frauen werden nicht nur aus den oben genannten Gründen beschuldigt. Einige werden auf frischer Tat ertappt, während andere für solche Taten "wohlbekannt" sind. Hier kann man auf den phänomenologischen Ansatz zurückgreifen, da diese Anschuldigungen in der Regel nicht

159 Fouts S., 2007, Aristotelische Ansichten über Frauen, www.associatedcontent.com
160 Butler H. E., Op cit, Internet Classics Archive http://classics.mit.edu//Apuleius/apol.html, Teil 13
161 Leinweber D. W., 1994, a.a.O., S. 78.
162 Graves R., 1990, a.a.O., S. 47.
163 ebd., S. 150ff.

wissenschaftlich belegt sind. Dass Pamphile eine Hexe war, war zum Beispiel nichts Neues, sondern eine bekannte Tatsache. Sobald Lucius thessalischen Boden betritt, wird er von der Gastwirtin, seiner Verwandten Byrrhaena und seiner neuen Liebe Fotis vor Pamphiles Zaubersprüchen gewarnt.[164] Er wird auch Zeuge, wie sich die Frau seines Gastgebers in eine Eule verwandelt,[165] ein Akt, den er auch versucht hat, aber unglücklicherweise in die Gestalt eines Esels verwandelt wurde, die er eine Zeit lang behielt, bis er von der ägyptischen/hellenischen Göttin Isis gerettet wurde.

Obwohl auch Männer wegen Hexerei angeklagt und unter strafrechtlich verfolgt werden konnten, waren es vor allem Frauen, die zur Zielscheibe wurden. Männer wurden in der Regel vor allem deshalb mit Hexerei in Verbindung gebracht, weil sie mit Frauen verwandt waren, die bereits verdächtig waren, oder weil sie andere Verbrechen im Zusammenhang mit Hexerei begangen hatten. Nach dieser langen Betrachtung sollte klar sein, dass nicht nur Frauen Hexen waren, sondern auch Männer Hexerei praktizierten. In *Der goldene Esel* sind Männer in die Ausübung der Magie verwickelt, Zatchlas, der ägyptische Zauberer, und Diophanes, der Chaldäer.[166] Ob Apuleius in seiner *Apologia* unschuldig war, ist nicht bekannt, aber Tatsache ist, dass er einmal wegen Hexerei und des Besitzes gefährlicher Werkzeuge vor Gericht gestellt wurde.

Apuleius verteidigt sich im Großen und Ganzen damit, dass er mit dem Desinteresse eines Philosophen nach Wissen über alle Dinge strebt, und er gibt zu, dass er mehr daran interessiert ist, den Ruf der Philosophie selbst als seinen eigenen vor dem Makel der Magie zu schützen. Er ist sich jedoch bewusst, dass die Tradition der Philosophie ihre Wurzeln in Figuren der schamanischen Tradition hat, die in ihrer Art nur schwer von den Gründungsmagiern zu unterscheiden sind. Hinter Platon und Sokrates standen Orpheus, Pythagoras, Zalmoxis, Epimenides und Empedokles.[167] Selbst Barbara Rosen weist darauf hin, dass Virgil in der Folklore als ein Mann mit magischen Kräften, gepaart mit dem lächerlichen Mangel an gesundem Menschenverstand eines Intellektuellen, weiterlebte.[168]

3.5 Schlussfolgerung

Dieses Kapitel hat gezeigt, dass Frauen am häufigsten der Ausübung von Hexerei und Magie beschuldigt werden. In religiöser Hinsicht sind die Gottheiten in der griechisch-römischen Welt und in Ägypten, die für diese Phänomene verantwortlich sind, weiblich orientiert. Zum einen gibt es die Göttin Hekate und zum anderen die Göttin Isis. Die Tatsache, dass diese Gottheiten weiblich sind, lässt den Schluss zu, dass Frauen sie in Krisenzeiten konsultierten und einige von ihnen in ihre

---

164 Ebd., S. 16, 22, 45-46.
165 Ebd., S. 48-49.
166 Graves R., 1990, a.a.O., S. 26 - 27, 34 - 35.
167 Ogden D., 2002, a.a.O., S. 288 - 289.
168 Rosen B., 1969, a.a.O., S. 3 - 4.

kultische Verehrung eingeweiht wurden, um dem Elend zu entkommen, dem sie in ihren Gemeinschaften ausgesetzt waren. Die Anschuldigungen, dass die Frau eine Hexe sei, waren also darauf zurückzuführen, wie sie von den Männern in der Gesellschaft wahrgenommen wurde. In *Der goldene Esel* sind vor allem Frauen in die Ausübung von Magie und Hexerei verwickelt, und es scheint, als ob sie die Hexerei zu schätzen wüssten. Daraus kann man schließen, dass die Anschuldigungen der Hexerei meist geschlechtsspezifisch sind.

Kapitel 4: Schlussfolgerungen

Die wichtigste Entdeckung, die dabei gemacht wurde, ist, dass das Geschlecht ein Grund für die Beschuldigung der Hexerei ist. Eine Person, insbesondere eine Frau, kann aufgrund ihres sozialen Status, aufgrund der Feindschaft von Nachbarn oder weil sie bei der Ausübung von positiver oder negativer Zauberei erwischt wurde, der Ausübung von Hexerei beschuldigt werden. Eine Person kann auch als Hexe verschrien sein und von einer Aura des Hexenglaubens umgeben sein. Es scheint, dass vieles, was mit Magie und Hexerei zu tun hat, auf die Frau als Protagonistin dieser Handlungen hindeutet. Bedeutet dies, dass Männer nicht an diesen Handlungen beteiligt sind, oder liegt es daran, dass die Frau immer ein leichtes Ziel ist, das für alle Fehler in einer Gesellschaft verantwortlich gemacht werden kann?

Die Tatsache, dass Frauen in der Gesellschaft nur wenige Rechte genossen, mag ein Grund dafür sein, dass sie Magie und Hexerei praktizierten, aber ist dies eine starke Grundlage für die Behauptung, dass sie und nur sie diese Phänomene praktizierten? Hesiod vertritt eine andere Auffassung, denn er behauptet, es sei ein von den Göttern erlassenes Dekret, dass die Frauen das Böse bringen.[169] Er zeigt, dass nicht nur die Frau Unheil in die Welt gebracht hat, sondern auch der Mensch selbst, indem er das Geschenk der Pandora annahm. Um diesem Leid zu entkommen, und nachdem er erfahren hat, dass der Beitritt zu Hexenkulten und magischen Praktiken Freiheit bringt, ist es möglich, dass auch Männer sich solchen Bewegungen angeschlossen haben, um sich ebenfalls von allen möglichen Leiden zu befreien oder um ihren Lebensunterhalt mit solchen Praktiken zu verdienen.[170] Obwohl Frauen als minderwertig und schwächer als Männer angesehen werden, ist festzustellen, dass sie beim Aufbau von Häusern und Nationen von großer Bedeutung sind. Sie stützen Familien und sind manchmal auch für den Aufstieg und Fall von Nationen verantwortlich, wie zum Beispiel Claudia, die Mutter von Nero, und Cornelia, die Mutter der Gracchi-Brüder.

Lucius Apuleius' *Goldener Esel* ist in lateinischen Gelehrtenkreisen als *Metamorphosen* bekannt und erzählt von den Abenteuern eines jungen Mannes namens Lucius, der aufgrund seiner Neugierde die Gestalt eines Esels annimmt. Schon zu Beginn seiner Reise nach Thessalien war Lucius neugierig und wollte auch die Kunst der Magie (*ars magica*) erlernen, verwandelte sich aber schließlich in einen Esel.[171] Die Tatsache, dass Frauen in Thessalien berühmte Praktikerinnen von Hexerei und Magie sind, macht sie nicht zu den einzigen, die diese Phänomene im weiteren Sinne praktizieren. Im *Goldenen Esel* wird deutlich, dass nicht nur Frauen Hexerei und Magie praktizieren , sondern dass

---

169 Wender D., 1973, a.a.O., S. 62.
170 Graves R., 1990, a.a.O., S. 26 - 27
171 Ebd., S. 50.

auch Männer ein Interesse an der Ausübung von Magie und Hexerei haben. [172]

Die Tatsache, dass Apuleius einst beschuldigt wurde, Magie zu praktizieren, die er in Teil 1 seiner *Apologie* als schwarze Kunst bezeichnet, während er versucht, seine Position zu verteidigen.[173] In der *Apologia* bestreitet er die Anschuldigungen, Magie zu praktizieren, obwohl bekannt ist, dass er sich gerne mit dieser Kunst befasst hat. Er stand vor einem Geschworenengericht, um sich gegen diese Anschuldigungen zu verteidigen. Für die Forschung beweist der Prozess gegen Apuleius, dass die Hexerei nicht nur von Frauen praktiziert wurde, denn einige der Werkzeuge, die Lucius Apuleius besaß, sind Instrumente, die von Hexen verwendet werden.[174] Die Tatsache, dass Apuleius diese Werkzeuge besaß, machte es möglich, dass er ein Anhänger der Hexerei war, obwohl er versuchte, seine Position zu erklären, indem er sich selbst verteidigte, dass er weder ein Magier noch ein Zauberer war.

Anhand der oben genannten Beweise, die von verschiedenen Wissenschaftlern erbracht wurden, kann argumentiert werden, dass es zwar stimmt, dass Frauen die Hexerei praktizierten, aber auch Männer sie ausübten. Es ist klar, dass Apuleius selbst sich für das Studium der Magie und der Hexerei interessierte, und es gibt andere, die sie ebenfalls ausübten. Der niedrige Status, der den Frauen seit der Antike zuerkannt wurde, ist einer der Hauptgründe, warum Frauen in der Regel als Hexen beschuldigt werden. Unabhängig davon, ob es die Hexerei gibt oder nicht, ist es auch möglich, dass Frauen sich absichtlich mit dieser Bezeichnung in Verbindung gebracht haben, um Männer abzuschrecken und so einen Anschein von Kontrolle über ihr (der Frauen) Leben und insbesondere ihre Sexualität zu erlangen. Dieses Szenario spielt sich immer noch überall auf der Welt ab, und die heutige simbabwische Gesellschaft ist da keine Ausnahme.

---

172 Ebd., S. 22.
173 Butler H. E., Op cit, http://classics.mitedu//Apuleius/apol.html
174 Ibid - Lucius besaß einen Spiegel, den ich für ein wichtiges Werkzeug halte, mit dem Hexen die Vergangenheit, die Gegenwart und die Zukunft, ihre Opfer sehen oder mit den Geistern kommunizieren können.

BIBLIOGRAPHIE

Primäre Quellen

1. Graves R, 1990, <u>Lucius Apuleius: *The Golden Ass,*</u> England, Penguin Books Ltd.

2. Hammond M., 1987, <u>Homer: The Iliad,</u> England, Penguin Books Ltd.

3. Innes M.M., 1955, <u>Ovid: Metamorphoses,</u> England, Penguin Books Ltd.

4. Lee H. D. P., 1960, <u>Plato: The Republic,</u> England, Penguin Books Ltd.

5. Wender D., 1973, <u>Hesiod und Theognis,</u> England, Penguin Books Ltd.

6. Pine-coffin R. S., 1961, <u>St. Augustine: Confessions,</u> England, Penguin Books Ltd.

Sekundäre Quellen

1. Barstow A. L., 1988, <u>On Studying Witchcraft as Women's History: A Historiography of the European Witch Persecutions,</u> Journal of Feminist Studies in Religion, Vol. 4, No. 2, pgs 7 - 19.

2. Blundell S., 2002, 'Women and the Household in Ancient Greece' in <u>The Other Side Of Western Civilization: Readings In Everyday Life,</u> hrsg. von Stanley Chodorow und Mara Sortor, Fort Worth (U. S. A.), Harcourt College Publishers.

3. Burris E. E., April 1936. The Terminology of Witchcraft" in der <u>Klassischen Philologie,</u> Bd. 32 Nr. 2, Chicago, The University of Chicago Press, S. 137-145.

4. Cary M. und Haarhoff T. J., 1966, <u>Life And Thought In The Greek And Roman World,</u> London, Methuen.

5. Chavhunduka G. L., 1980, 'Witchcraft And The Law In Zimbabwe' <u>Zambezia,</u> Vol. 3 No.2, S. 129 - 147.

6. Frangoulidis S., 2008, <u>Hexen, Isis und Narrative: Annäherungen an die Magie in Apuleius' Metamorphosen,</u> Berlin, Walter de Gruyter.

7. Gamlath I., 2010, <u>Degrees of Unity in Levels of Motivation: Desperate Witches in Apuleius' Golden Ass und Theurgists in Iamblichus De Mysteries,</u> Sri Lanka, University of Kalaniya.

8. Gibson W. B., 1979, 'Witchcraft Among The Ancient' in <u>Witchcraft; A History Of The Black Art,</u> London, Arthur Barker Ltd.

9. Graverini L., <u>Literatur und Identität im *Goldenen Esel* des Apuleius,</u> *(unveröffentlichter Text).*

10. Keeman M. E., Juli 1940, 'The Terminology of Witchcraft in the Works of Augustine' (Die Terminologie der Hexerei in den Werken des Augustinus) in der <u>Klassischen Philologie,</u> Bd. 35, Nr. 3, S. 294 - 297.

11.   LagerwerfL., 1987, <u>Witchcraft, Sorcery and Spirit Possession: Pastoral Response in Africa,</u> Gweru, Mambo Press.

12.   Leinweber D. W., 1994, <u>Witchcraft and Lamiae in *The Golden Ass*</u>, Folklore: vol 105, Taylor and Francis Ltd, pgs 77 - 82.

13.   Levack B. P., 1992, <u>Witchcraft in the Ancient World and the Middle Ages,</u> New York, Garland Publishing Inc.

14.   Mackail J. W., 1909, <u>Lateinische Literatur,</u> London, John Murray.

15.   McClymont J. D., 2008, 'The Character Of Circe In The Odyssey' (Der Charakter von Circe in der Odyssee) in <u>Akroterion,</u> Vol. 53, S. 21 - 29.

16.   Meyer M. und Mirecki P., 1995, <u>Ancient Magic and Ritual Power,</u> New York, E. L. Brill.

17.   Murray O., 1991, <u>Life and Society In Classical Greece,</u> U. S. A., Oxford University Press

18.   Ogden D., 2002, <u>Magic Witchcraft And Ghosts In The Greek And Roman Worlds,</u> New York, Oxford University Press .

19.   Petrie A., 1949, <u>Roman History Literature And Antiquities; An Introduction,</u> London, Oxford University Press.

20.   Poc E. , 1999, <u>Between The Living And The Dead: A Perspective On Witches And Seers In The Early Modern Age,</u> Budapest, Central European University Press.

21.   Reardon B. P., 1989, <u>Collected Ancient Greek Novels,</u> Kalifornien, University of California Press.

22.   Rosen B., 1969, <u>Witchcraft,</u> London, Edward Arnold.

23.   Ruiz-Montero C., 2007, "Magic in The Ancient Novel" In Paschalis M. et al (Eds.), <u>The Greek and The Roman Novel Parallel Readings,</u> Groningen, Barkhuis & Groningen University Library

24.   Stambough J. E., 1988, <u>The Ancient Roman City,</u> London, The John Hopkins University Press.

25.   Taylor D., 1975, <u>Greek and Rome topic 4: Work in Ancient Greece and Rome,</u> London, George Allen and Unwin.

Internet-Quellen

1.   Arbel I., 'Witchcraft; The Dawn Of Witchcraft' in <u>The Encyclopedia Mythica,</u> www.pantheon.org/areas/featured/witchcraft/chapter-2.html

2.   <u>Aristoteles über Frauen,</u> 2011www.newfoundations.com/WOMAN/Aristotle/

3.   Atsma A. J., 2008, <u>Hekate,</u> Neuseelandwww.theoi.com/EncycA.html

49

4.   Beresford C. J., <u>Roman Witches; Ancient Witchcraft And The Religious Power Of Magic In Rome,</u> www.suite121.com/content/roman witches a131156

5.   Butler   H.   E.,   <u>Lucius   Apuleius: Die   Apologia,   </u>Internet-Klassikarchiv http://classics.mit.edu//Apuleius/apol.html

6.   Clayton E., <u>Aristoteles, Die Politik: Buch 1- Frauen,</u> Internet-Enzyklopädie der Philosophie (IEP), Aristoteles; Politikwww.iep.utm.edu/

7.   Ellwood R. S, <u>Hexerei,</u> Online-Enzyklopädie, http://encarta.m.s.n.com

8.   Evans-Pritchard E. E., 2010 , 'Witchcraft' in <u>Wikipedia, The Free Encyclopedia,</u> http://en.wikipedia.org/wiki/Witchcraft/

9.   Fouts S. , 2007, <u>Aristotelische Ansichten über Frauen,</u> www.associatedcontent.com

10.   Historum-Geschichte   Foren,   <u>Hexerei in der antiken Welt,</u>

http://www.historum.com/ancient geschichte/27018-hexerei-uralte-welt.html,

11.   Jean Claus Di Basio, <u>Ars Arcana: Die Magie in der römischen Welt</u>

,http://what ist witchcraft.blogspot.com,

12.   Marcus Tullius Cicero, 1923, <u>Über die Weissagung (de Divinatione),</u> neu bearbeitet von Bill Thayer, Loeb Classical Library, http://penelope.uchicago.edu/Thayer/E/Roman/Texts/Cicero/de Divinatione/

13.   Pinch G., 2011, <u>Antike ägyptische Magie,</u> www.bbc.co.uk/history/ancient/egyptians/magic 01.shtml

14.   <u>Pythagoras, der griechische Philosoph,</u> 2010, Occultopedia, die Enzyklopädie des Okkulten und Unerklärlichenwww.occultopedia.com/p/pythagoras.htm

15.   Smith N., <u>Die Rolle der Frauen und der Magie in '*Der goldene Esel*' von Apuleius,</u> www.articlemyriad.com

16.   Socyberty, 2009, <u>Hexen im alten Ägypten,</u> http://relijournal.com/paganism/halloween- for-witches/

17.   "Die Göttin Isis" in <u>Witches of the Craft,</u> http://witchesofthecraft.com/2012/01/12/the-goddess-isis/ , abgerufen am 19. März 2012

18.   Tully C., 2002, <u>The Cauldron:- Witchcraft, Paganism and Folklore-Witches of Ancient Greece and Rome,</u> http://www.thecauldron.org.uk/

www.ingramcontent.com/pod-product-compliance
Ingram Content Group UK Ltd.
Pitfield, Milton Keynes, MK11 3LW, UK
UKHW041933131224
452403UK00001B/114

9 786203 590531